Luise Läufer

Vergessenes Land

Mit Gott am Ende der Erde

EDITION WORTSCHATZ

Druck und Bindung des vorliegenden Buches erfolgten in Deutschland. Das verwendete Papier ist FSC-zertifiziert. Als unabhängige, gemeinnützige, nicht staatliche Organisation hat sich der Forest Stewardship Council (FSC) die Förderung des verantwortungsvollen und nachhaltigen Umgangs mit den Wäldern der Welt zum Ziel gesetzt.

FSC
www.fsc.org
MIX
Papier aus verantwortungsvollen Quellen
FSC® C083411

Die Deutsche Bibliothek verzeichnet diese Publikation in der Deutschen Nationalbibliografie; detaillierte bibliografische Daten sind im Internet über www.d-nb.de abrufbar.

Lektorat: Lukas Baumann
Umschlaggestaltung: Jörg Ehlerding
Umschlagbild: © istockphoto.com/Sunset in Maubara/CarolinaGNP
Bilder Innenteil: © privat
Satz und Herstellung: Edition Wortschatz, Schwarzenfeld

Edition Wortschatz, Schwarzenfeld

ISBN 978-3-943362-25-1, Bestell-Nummer 588 846

www.edition-wortschatz.de

EDITION WORTSCHATZ

Inhalt

Vorwort

„Wir hätten es nicht tun sollen ... aber jetzt ist es nicht mehr rückgängig zu machen!"

Vor uns, auf dem Boden unserer Wohnung in Batu/Indonesien, lag der Haufen zerrissener, hochinteressanter, nüchterner und gleichzeitig innerlich stark bewegender Briefe, die Luise Läufer uns über Jahre hinweg aus Osttimor geschickt hatte. Aber so hatte sie es gewollt: „Bevor Ihr Indonesien verlasst, vernichtet bitte alle meine Briefe!"

Wie oft haben wir hinterher zueinander gesagt: „Wir hätten ihr nicht gehorchen sollen!"

Warum? Nicht nur, weil diese Briefe einmalige Augenzeugenberichte aus einem fast unbekannten Land waren. Nicht nur, weil Luise Läufer einen packenden Stil schreibt. Luises Einsatz für die ganz Armen war und ist eine Demonstration der Liebe Jesu. Bereit zum persönlichen Verzicht für die Kranken, die keinen Arzt haben. Ihr Leben zeigt, was Jesus tun kann – durch eine einzelne Frau, die sich in Katastrophen und Enttäuschungen unbeirrt an ihn und seine Verheißungen klammert und das tut, was er sagt.

Wir freuen uns von Herzen, dass es dieses Buch jetzt *doch* gibt. Wieviel *Ermutigung* steckt in dieser ungeschminkten, unromantischen Schilderung des Missionarsalltags!

Ermutigung, sich vertrauensvoll auf den Weg zu machen, wenn Gott ruft.

Ermutigung zum Verzicht, damit anderen geholfen wird und sie Jesus begegnen können.

Ermutigung zum Gebet in auswegloser Situation und schier undurchdringlicher Dunkelheit.

Ermutigung, dass Er Kraft geben kann, wenn es an die äußersten Grenzen der körperlichen, psychischen und geistlichen Kraft geht!

Ermutigung, zu vertrauen, dass Gott doch zum Ziel kommt – trotz fehlender Erfolge und enttäuschender Umwege.

Liebe Luise, danke, dass Du Dein Leben mit uns teilst. Danke für dieses Buch.

„Herr, sende mehr Arbeiter auf deine Felder, um die große Ernte einzubringen!“

Traugott und Hanni Böker

1. Am Ende der Erde

Die Masern gehen um! Wir haben alle Hände voll zu tun in unserer Poliklinik in Lospalos. Mütter mit Kindern, die wir nie zuvor gesehen haben, suchen bei uns Hilfe. Die Buschtrommel verkündet es: „Zu ‚denen' kann man auch mit Masern-Kindern gehen." Hier im Bergland von Osttimor herrscht ganz allgemein der Aberglaube: Masern-Patienten dürfen nicht behandelt werden, sonst sterben sie.

Wie das im timoresischen Alltag aussieht, erzählt uns eines Tages eine unserer Mitarbeiterinnen: „In meiner nahen Verwandtschaft ist vor kurzem ein süßes Mädchen an Masern gestorben. Die Eltern waren – der Tradition folgend – nicht zur Behandlung gegangen. Um nun herauszufinden, wer am Tod dieses Mädchens schuld sei, sucht man zwei große, nicht weit voneinander entfernte Steine, was in dieser Gegend kein Problem ist. Mutter und Vater des Kindes müssen je auf einen dieser Steine spucken. Ein Hühnchen wird in der Nähe der Steine mit langer Leine an einen Pfahl gebunden, ihm wird der Kopf abgeschlagen. Es rennt also kopflos hin und her, bis es tot umfällt. Der Stein, in dessen Nähe es nun liegt, bezeichnet den Schuldigen."

Welch schwere Last liegt nun auf dem so erkannten „Schuldigen" – vielleicht ein Leben lang!

Wir sind dankbar, dass von den Kindern, die man uns zur Behandlung brachte, bis jetzt keines gestorben ist. Trotzdem haben wir mit dem Leid, das viele hier betrifft, hautnah Bekanntschaft gemacht. Eines Tages kommen die Mitarbeiterinnen aus der Patientenanmeldung atemlos mit der Nachricht zu mir: „Da ist eine Mutter mit ihrem Kind, das mehr tot als lebendig ist." Wenige Minuten später ist es im Behandlungszimmer – und tut seinen letzten Atemzug, bevor nur ein einziges Wort gesprochen ist. Auch da hatte die Schwiegermutter verboten, das Kind rechtzeitig zur Behandlung zu bringen. Uns bleibt nur noch, der

Mutter unser Mitgefühl zum Ausdruck zu bringen, den Schmerz mit ihr zu teilen.

Aber ... wie bin ich überhaupt am Ende der Erde gelandet und kümmere mich um kranke und unterernährte Kinder?

2. Wie alles anfing

Das Zuhause

Mit einer älteren und einer jüngeren Schwester bin ich in der Obhut gläubiger Eltern aufgewachsen.

Als Kind war ich oft krank, etwa einmal pro Jahr sehr krank – bis der Arzt eines Tages Tbc (Tuberkulose) feststellte, nicht nur einen Fleck in der Lunge, sondern auch Tbc-Drüsen im Bauch. Damals gab es noch nicht die Tbc-Medizin wie heute. Ich musste einfach nur liegen. Schwer für ein lebhaftes Kind wie mich. Bei gutem Wetter trug Mutter mich in die Gartenlaube, bei Regen lag ich tagsüber auf dem Sofa.

Eines Tages hatten wir Besuch von einer befreundeten Diakonisse. Ihr erzählten die Eltern von ihrem Kummer mit mir und meiner Krankheit. Nach einer Zeit des Schweigens sagte sie: „Wir wollen beten." Ich verstand nicht, was sie betete. Aber nach dem Amen erklärte sie mit großer Gewissheit: „Sie wird wieder gesund und eine Magd des Herrn werden." Diese Gewissheit erstaunte mich.

Die Genesung kam nicht schlagartig, aber sie machte Fortschritte. Das zum großen Teil versäumte Schuljahr wiederholen zu müssen war ein bitterer Wermutstropfen.

Die evangelische Gemeinschaft, zu der unsere Familie gehörte, war mit der Zeit in recht gesetzliches Fahrwasser geraten. Es gab eine lange Liste mit „du musst …" und „du darfst nicht …". Das begann schon in der Sonntagsschule und machte das Christsein für mich nicht sehr anziehend. Auch meine Krankheit schien eine Strafe Gottes zu sein.

Mit 16 Jahren – während einer Evangelisation durch einen auswärtigen Evangelisten – lud ich Jesus in mein Herz und Leben ein. Das war ein unbeschreibliches Glück, das mein ganzes Dasein erhellte.

Beruflich wurde ich zuerst Arzthelferin, später medizinisch-technische Assistentin (MTA). Anschließend arbeitete ich im Krankenhaus meiner Heimatstadt Lahr. Aber Gott sprach immer wieder durch Worte zu mir, die in Richtung Mission wiesen.

Der Ruf

Zu Hause hatten wir öfters Besuch von Missionaren, u. a. von Gambia/Westafrika. Eine andere Missionarin erzählte, sie fühle sich nach Osttimor gerufen und suche noch eine Kollegin. Osttimor war damals noch portugiesische Kolonie und für Ausländer verschlossen, zunächst schien die Lage also aussichtslos. Später an diesem Tag, beim Geschirrspülen, sagte Gott leise zu mir: „Du gehst mit nach Osttimor." Eigentlich wusste ich noch gar nicht, wo dieses Fleckchen Erde auf der Landkarte zu finden ist. Und zudem wollte besagte Missionarin die Bibel übersetzen, während ich mehr der praktische Typ bin. Ich fand das unrealistisch und wollte vergessen. Und ich vergaß.

Einige Jahre später erlitt unsere Mutter einen Schlaganfall, war halbseitig gelähmt und blieb mehrere Jahre pflegebedürftig zu Hause. Zu ihrer Pflege ließ ich mich vom Dienst im Krankenhaus freistellen. Um die Zeit zu nützen absolvierte ich nebenbei eine Korrespondenz-Bibelschule.

Nach Mutters Heimgang am 14. Juni 1973 konnte ich mit Vater nach Indonesien reisen, um dort meine jüngere Schwester zu besuchen. Hier traf ich jene Missionarin für Osttimor wieder. Ihr stand eine dienstliche Reise nach Westtimor bevor und sie lud mich ein, sie zu begleiten. Zusammen flogen wir nach Kupang und in abenteuerlicher Fahrt – mit Unbekannten – in einem Jeep bis an die Grenze Osttimors. Noch immer war das Land verschlossen, und ich empfand die Atmosphäre, so nah an der Grenze, als sehr bedrückend. Ich war irgendwie verwirrt im Blick auf die Zukunft.

Zurück in Kupang suchte ich einen einsamen Ort am Meer, um neu zu fragen: „Herr, was sagst du?" Die Antwort kam unmissverständlich durch Matthäus 14,14: „Jesus sah die große Menge; und sie jammerten ihn und er heilte ihre Kranken." Ich wusste: Nur Er kann Kranke heilen, aber wir können seine Hände und Füße sein.

An diesem Tag wurde die Bitte in meinem Herzen lebendig: „Herr, gib mir Gelegenheit, in einer ärztlich geführten Klinik in einem tropischem Land die erforderliche Qualifikation zu erhalten." Dabei stand mir gleich Gambia mit seiner ausgedehnten ärztlichen Mission vor Augen.

Zunächst ging der Weg aber wieder nach Hause. Neben der Arbeit im Krankenhaus betreute ich unseren alternden Vater. Nach seinem Heimgang am 28. März 1976 legte ich wie Gideon[1] ein Vlies aus: „Gott, wenn das alles von dir kommt, was ich gehört habe, lass mir bitte eine Einladung aus Gambia zugehen." Menschlich gesehen war das unmöglich, man wurde nicht angefordert, man stellte sich der Mission zur Verfügung. Aber wider alles Erwarten hielt ich zwei Wochen später eine Einladung aus Gambia in Händen.

Im Herbst des gleichen Jahres absolvierte ich den Kandidatenkurs bei WEC International, und im darauffolgenden Jahr die Sprachschule in England.

---

1 Siehe Richter 6,36–40.

3. Gambia

Die Reise

So schnell ist man also in Brüssel. Ein wenig Rütteln und Schütteln, eine Tasse Tee für das „Innere", dem die Schaukelei nicht sehr bekommt, Sonne, dicke Wolken, die von oben gesehen hell und glänzend sind – und da sind wir auch schon! Kaum hat die Zeit gereicht, um die überraschenden Abschiedsbegegnungen am Flughafen zu verarbeiten.

Der Brüsseler Flughafen hat einen sehr schönen Warteraum. Außer mir müssen noch viele andere den Tag hier verbringen. Trotzdem – ich freue mich, dass es heute abend weitergeht.

In meinem Herzen ist Ruhe und Frieden, sowohl im Blick zurück als auch nach vorn. Was mir im Blick auf all meine zurückgelassenen „Schützlinge" – Menschen, die ich auf einer Wegstrecke begleiten durfte – hilft, ist das Wort, das mich seit Tagen begleitet: „Lasset meine Kinder, das Werk meiner Hände, mir anbefohlen sein." Dort sind sie gut aufgehoben.

Am 3. Oktober 1977 kommen wir in Dakar, der Hauptstadt Senegals, an. In der riesigen Menschenmenge geht man fast unter. Aber Mr. Osborn, der mich abholen will, und ich erkennen uns auf den ersten Blick. Mit der gleichen Maschine kommt auch Bill aus England an. Wir waren uns in Brüssel schon flüchtig begegnet. Hier sagt er mir: „Ich habe gesehen, dass du ein Christ bist. Hättest du den Arm erhoben und gesagt ‚I love Jesus', ich hätte dir für den Tag des Wartens ein Bett besorgt."

Aber Gottes Reden an diesem Tag, an dem ich keine Schlafgelegenheit hatte, wird mir in der kommenden Zeit immer wieder zur Hilfe werden.

Tags darauf Ankunft und ein ganz herzliches „Willkommen" in Banjul/Gambia. Es ist sehr heiß, sogar für die Einheimischen ungewöhnlich heiß. Ich darf mich hier kurz umsehen: In der

Klinik, in der Stadt, am schönen Meeresstrand. Trotzdem freue ich mich auf Sibanor, meine vorläufige „Endstation".

Sibanor

Sibanor ist die größte Inlandstation des WEC in Gambia, ein schöner Komplex mit vielen Bäumen. Die einzelnen Gebäude sind in einem großen Halbkreis angeordnet: Dem Eingangstor am nächsten ist die offene Wartehalle, nach links kommen die Gebäude mit den verschiedenen Behandlungsräumen, die Entbindungsstation, die Räume der Ärztin, das Labor. In etwas Abstand befinden sich Brunnen, Küche und Speisesaal, die Wohnräume der multinationalen Team-Mitglieder und der afrikanischen Schwesternschülerinnen. Hier ist auch mein kleines, helles Zimmer, in dem ich mich schnell zu Hause fühle. Bevor wir wieder zum Eingangstor zurückkommen, liegt – etwas abseits und abgegrenzt – das „Sickhouse" (ein einfaches Haus für stationäre Patienten), daneben eine Rundhütte als Küche, in der die Angehörigen der stationären Patienten das Essen für ihre Familienangehörigen kochen (jeder Volksstamm hat seine eigenen „Menüs"), und ein Ziehbrunnen.

Man hatte mich zur Leitung und Weiterentwicklung des Labors angefragt. Dazu gehörte das Anlernen von zwei afrikanischen Jungen, die bald eine Hilfe sind, so dass ich mich nebenbei den anderen mir zugedachten Aufgaben widmen kann: Assistenz der Ärztin bei „kleiner Chirurgie", Infusionen, Wundbehandlung, Nähen von Wunden, Sterilisation, medizinische Betreuung der stationären Patienten. Die „freie Zeit" verbringe ich in der Entbindungs-Abteilung. Auch da will und kann ich viel lernen. Ich bin rundum ausgefüllt und glücklich! Aber ich will nicht vergessen – Sibanor ist nur eine Übergangsstation auf dem Weg nach Osttimor, dem Land meiner Berufung.

Nach kurzer Zeit wird mir das Ambulanz-Fahrzeug anvertraut, mit dem besonders schwere Fälle in die staatliche Klinik nach der Hauptstadt Banjul gebracht werden. Ob bei Tag oder bei Nacht – ich kann diese Fahrten echt genießen und Land und Leute dabei besser kennenlernen. Dabei gibt es frohe und auch traurige Erlebnisse.

Nächtliche Überraschung

Es ist schon recht spät abends. Dank seiner Taschenlampe sehe ich den Nachtwächter auf unseren Wohnbereich zukommen. Er ruft Yvonne, eine der Hebammen, kommt aber dann auch an mein Fenster. Im Nu bin ich bei der Klinik. Vor dem Eingangstor sind viele Menschen versammelt. Eine junge Frau ist mit einem Tuch „umhängt". Im Sand finde ich eine Mischung von Blut, Baby und Plazenta. Da heißt es schnell „sortieren", das Baby einwickeln und in die Entbindungsabteilung bringen. Yvonne, die Hebamme, kommt mit der jungen Mutter; ich halte ihr die Taschenlampe. Die Patientin ist Erstgebärende; ich kenne sie, weil sie während der Schwangerschaft mit einem Brustabszess zur Behandlung kam.

Noch immer mit der Taschenlampe unter dem Arm (der Generator hat längst Feierabend) bade ich den kleinen Erdenbürger. Morgen früh werden wir sehen, ob er sauber ist. Die junge Mutter wird versorgt und erhält einen heißen Traubenzuckertrank. Sie hat es nötig!

Im Nu ist alles aufgeräumt, die mitgekommenen Frauen für den Rest der Nacht am Boden platziert. Wir verabschieden uns. Als ich nach dem Baden des Säuglings den Frauen sage: „Es ist ein Junge!", da wissen sie es schon. Das haben sie draußen vor dem Tor, in mondloser Nacht, zwischen Sand und Blut schon „ergründet".

Hilfeschrei nach Mitternacht

Ein anderes Mal werde ich kurz nach Mitternacht gerufen. In unserem Ort ist eine Frau in den Brunnen gefallen, die wir nun abholen sollen. Ich wecke eine Kollegin, zusammen fahren wir mit der Ambulanz los. Wir finden ein Bild des Schreckens vor: Die Sitzfläche der Frau ist buchstäblich weggerissen. Wir packen sie ins Auto und fahren sie direkt vor die Tür der Ärztin. Nach einigem Hin und Her wird noch im Ambulanz-Fahrzeug eine Infusion angelegt. Ich fahre mit zwei unserer Klinik-Helfer gleich weiter zur Hauptstadt, ins Regierungskrankenhaus. Unterwegs halte ich mehrmals an, um nach der Patientin zu sehen. Werden wir sie lebend bis Banjul bringen?

Ganz kurz vor dem Krankenhaus höre ich sie noch sprechen. Gleich haben wir es geschafft. Aber bis der Arzt sie zu sehen bekommt, hat sie den letzten Atemzug getan. Der Arzt kann nur noch den Tod feststellen. Wir packen sie wieder ins Auto und fahren zurück. Aber in Sibanor, wo wir sie abgeholt hatten, wird sie nicht mehr angenommen. Nach dem üblichen Palaver bringen wir sie tatsächlich noch in eines der Buschdörfer.

Um 4.30 Uhr sind wir zurück. Es reicht gerade noch, „ein paar große Augen voll" zu schlafen. (Das war früher immer Mutters Empfehlung: „Nimm große Augen voll".) Doch – oh Wunder – ich bin den ganzen folgenden Tag „fit".

Mariama

Es ist ein kleines, hübsches, sauberes Gehöft, in dem wir eintreffen. Ein echt gambischer Compound: In der Mitte befindet sich ein freier Platz, auf dem sich die Kinder tummeln und wo sich eigentlich der ganze Tageslauf abspielt. Rundum stehen die einzelnen Hütten: In der einen wird auf offenem Feuer gekocht, in den anderen wohnen die verschiedenen Glieder der Großfamilie. Wir begrüßen die Frauen, die – meist auf der Erde sitzend – mit irgendeiner Hausarbeit beschäftigt sind.

Unser Besuch gilt Mariama. Sie liegt auf einem Strohsack unter dem Vordach einer der Hütten. Ein freundliches, aber müdes Lächeln huscht über ihr Gesicht. Sie freut sich über unser Kommen. Den ganzen Tag hat sie schon darauf gewartet.

Mariama ist Mitte dreißig. Eine hübsche Frau. Sie setzt sich auf. Eine andere Frau hält ein großes Tuch und bildet so einen schützenden Vorhang, hinter dem ich schnell den Verbandswechsel mache. In Mariamas Brust – und teilweise auch in den Rücken – hat der Krebs tiefe Löcher gefressen. Wo keine Wunden sind, befinden sich harte Knoten. Der Arm ist unförmig, bleischwer. Vom Geruch sprechen wir besser nicht.

Bis vor kurzem kam Mariama auf dem Gepäckträger eines Fahrrads jeden Tag zur Klinik. Nun machen ihr die Lungen-Metastasen sehr zu schaffen. Als sie eines Tages nicht mehr erschien, haben wir ohne Worte die Rollen getauscht: jetzt komme ich zu ihr.

Obwohl Mariama sehr leidet, denkt sie nicht nur an sich. Sie sorgt dafür, dass ein kleiner Behälter mit klarem Wasser (eine Kostbarkeit, die man hier zu schätzen weiß) bereitsteht, das ich mir schnell über die Hände gießen kann.

Wenn nichts Unvorhergesehenes passiert, hat Mariama noch eine längere Leidenszeit vor sich. Möge sie nicht vergeblich sein!

Kleiner Einblick in afrikanische Kultur

Am vergangenen Montag erscheint mein Labor-Helfer zunächst nicht. Es heißt, sein Vater sei krank, deshalb sei er am Sonntag nach Hause gefahren. Als er später doch kommt, sagt er, seine Großmutter sei gestorben (nichts von Vaters Krankheit). Das war gestern. Heute kommt er mir so seltsam und bedrückt vor. Ich kann mir das nicht erklären. Schließlich geht er mal zur Tür hinaus, kommt nach meinem Empfinden aber sofort wieder zurück und sagt: „Ich gehe heim, denn ich bekam eben die Nachricht, dass die Frau meines Onkels gestorben ist." Will er sich so einen freien Tag verschaffen?

Nun, wir werden sehen, ob er morgen zurückkommt und was sein nächster Schritt sein wird. Andere Länder, andere Sitten, an denen man lange zu lernen hat!

Anfechtungen

In einem Brief aus Deutschland werde ich gefragt, ob ich nicht genug gebetet habe, weil mir etwas Unerfreuliches zugestoßen ist. Ich verstehe schon, wie das gemeint ist, aber ich denke trotzdem, dass das nicht so geht: „Ich bete soundsoviel und dann beschützt mich der Herr dafür." Beten halte ich für eine Frage der Liebe und des Vertrauens zum himmlischen Vater.

Niemand ahnt, unter wie viel Druck man in einem Land, das von Geisterfurcht erfüllt ist, stehen kann! Der Druck kommt nicht von der Seite, von der man ihn erwartet, er kommt von ganz anderer Seite! Er kann so übermächtig sein, dass man nicht aus noch ein weiß, dass einem die Worte zum Beten fehlen! Da kann man nur noch stammeln und vertrauen, dass Jesus direkt ins Herz sieht, jeden Gedanken, jeden Wunsch und jedes tiefe Verlangen kennt, dass ER mich besser kennt als ich mich selbst kenne.

Sandstürme

In meinem schattigen Zimmer sind es jetzt gerade 34 Grad Celsius. Wir hatten diese Woche einen Sturm und tagelang Sand in der Luft. Selbst zwischen den Zähnen spürt man ihn. Zuerst konnte man nur ein paar Meter weit sehen. In diesen Tagen wurde der Druck durch das Wetter noch verstärkt. Jetzt scheint die Sonne wieder.

Wenn wir uns nicht von „höherer Instanz" an diesen Platz gestellt wüssten, wir hätten unsere Koffer sicher schon gepackt. Das ist die andere Seite der Medaille, die man nicht so gerne zeigt. Vielleicht ist es hilfreich, zu Hause auch einmal diese Seite zu hören.

Unerwarteter Dank

Am Freitag steht ganz unerwartet eine alte Frau strahlend unter der offenen Labortür. Ich erkenne sie zum Glück sofort wieder (bei all den schwarzen Gesichtern ist das nicht immer einfach). Sie war geraume Zeit im Sickhouse gewesen. Ich erinnere mich noch lebhaft an den späten Abend, an dem sie ankam – in ganz schlechtem Zustand, kurzatmig, schwach. Zusammen mit ihrem Mann hatte sie eine sehr weite Reise gemacht, um bei uns medizinische Hilfe zu finden. Ihre Habseligkeiten hatte sie in ein Tuch gebunden, den Aluminiumkessel mit dem Trinkwasser in der Hand. Die Frau hatte eine schwere Lungenentzündung. Leider können wir die Leute nie behalten, bis sie ganz gesund sind. Kaum sind sie „aus dem Gröbsten heraus", gehen sie nach Hause. Nun steht sie da, strahlend – ihr Zustand ist wesentlich besser –, mit einem lebenden Hahn als Dank unter dem Arm. Dafür hatte sie noch einmal die weite Reise gemacht.

Neulich musste ich schnell in ein Buschdorf fahren, um einer kleinen Patientin Medizin zu bringen. Das geschieht selten, es war ein Ausnahmefall. Simon, mein Helfer im Labor, kam der Übersetzung wegen mit. Er gehört zum gleichen Volksstamm, spricht die gleiche Sprache. Die Leute gaben ihm als Dank zwei Eier. Simon wollte sie mir geben, aber ich sagte: „Nein, sie gehören dir, du hast die richtigen Leute gefunden." Zwei Frauen, die das beobachtet hatten, verschwanden und kamen jede mit einem Ei für mich zurück. Ich sollte unbedingt auch zwei Eier haben.

Solche Begebenheiten machen mich hier ganz glücklich. Nicht des Hahnes oder der Eier wegen. Ich glaube nicht einmal des Dankes wegen. (Dank ist hier durchaus nicht an der Tagesordnung. Sobald man etwas bekommen hat, Medizin, Kleider etc., will man mehr haben.) Ich persönlich freue mich über jede Gefühlsäußerung der Leute. Die meisten scheinen so abgestumpft, äußern weder Freude noch Schmerz. Man lebt einfach „so vor sich hin". Meine heimliche Frage: Ist es die Gleichförmigkeit der Landschaft, des Klimas, der Furcht vor den Geistern, gegen die man machtlos ist?

Ist es nicht auch ein Geschenk, wenn wir Freude und Schmerz empfinden können, wenn wir uns mit „Hügeln und Tälern" unseres Gefühlsempfindens in die uns festhaltende und bergende Hand unseres himmlischen Vaters begeben dürfen? Ich jedenfalls erlebe und schätze das hier ganz neu.

Warum werden so viele Leute gerade in der Nacht krank?

Es ist Mitternacht. Lautes und eindringliches Hupen draußen vor dem Tor lässt mich aufwachen. „So eilig und dringend kann es eigentlich nur eine Schwangere haben, die zur Entbindung kommt", denke ich und lasse schnell meine Augen wieder zufallen. Heute Nacht ist Ursula für die Entbindungen und ich bin für die Kranken zuständig.

Es geht nicht lange, da kommt der Schritt des Nachtwächters auf meine Fenster zu: „Ein Patient!" – „Ich komme."

Den kurzen Weg zwischen meinem Zimmer und der Klinik nutze ich, um um Weisheit zu beten, aber auch um für alle in solchen Fällen erfahrene Hilfe zu danken.

Unsere zwei jungen, immer unternehmungslustigen Kätzchen sind auch schon da. Woher sie zu jeder möglichen und unmöglichen Nachtzeit immer kommen, um die Diensthabende zu begleiten? Sie lassen mir kaum Platz, einen Fuß vor den anderen zu setzen.

Der Patient hat schlimme Bauchschmerzen. Das kann viele Ursachen haben. Zur Zeit ist Ramadan; tagsüber wird gefastet, aber sobald es dunkel ist, gibt es eine Mahlzeit. Dieser neue Rhythmus bekommt nicht jedem Magen … Die Taschenlampe unter den Arm geklemmt lässt mir beide Hände frei, um schnell ein Spasmolytikum,[2] eine Spritze, ein paar Tabletten zusammenzusuchen, die Patientenkarte zu schreiben, etc.

Tagsüber müssen die vierbeinigen Begleiter vor der Kliniktür warten. Nachts bin ich ein wenig nachgiebiger. Ich kann sie im Dunkeln nicht sehen, aber das behagliche Schnurren verrät die unmittelbare Nähe der Kätzchen. Sie begleiten mich wieder zurück zur Haustür, wo wir uns dann trennen.

Gleich morgens geht es weiter

Trotz der nächtlichen Unterbrechung bin ich schon frühmorgens hellwach. Wie wär's mit einer Tasse Kaffee und einer ausgiebigen „Stillen Zeit"? Dieser Gedanke lässt mich erwartungsvoll von meiner Matratze aufspringen. Während ich im Dunkeln die Zähne putze, höre ich den schlurfenden Schritt des Nachtwächters um's Haus nebenan gehen. Nun muss die Hebamme also auch noch ran! Gut, dass es ohnehin bald Zeit zum Aufstehen ist.

Es geht nicht lange, da kommt sie in Richtung auf mein Zimmer zu: „Es ist ein schwieriger Fall, wir müssen die Patientin ins Hospital nach Banjul bringen. Ich hoffe, du schaffst es noch rechtzeitig…" Nun gilt es keine Minute zu verlieren. Im Nu sind wir unterwegs. Der frühe Morgenkaffee war wirklich eine gute Idee!

Trotz aller Eile und Anspannung ist es ein Erlebnis, in den erwachenden Tag hinein zu fahren. Das erste Rot am Himmel wird unterbrochen von schmalen dunklen Wolkenstreifen. Das Farbenspiel spiegelt sich im palmenbestandenen Sumpf. Ein bezauberndes Bild. Das Auge weidet sich am Grün der Landschaft und an der malerischen Wolkenbildung. Es ist aber auch hellwach für jedes Tier, das reglos auf der noch warmen Asphalt-Straße döst und das „umfahren" werden muss.

2 Spasmolytikum: ein krampflösendes Mittel.

Wir kommen gut in Banjul an und geben die Patientin in fachärztliche Hände.

Auf der Rückfahrt hat die Szene gewechselt: Ganze Gruppen von Frauen gehen gemeinsam aufs Feld. Jede hat ihr jüngstes Kind auf den Rücken gebunden. Man sollte die Kamera bei sich haben! Einzelne Gruppen sind auch schon an der Arbeit. Das feuchtheiße Treibhaus-Wetter lässt Reis, Mais und Erdnüsse gedeihen – aber auch das Unkraut. Dem gilt es nun zu Leibe zu rücken.

Während ich in flotter Fahrt heimwärts eile, ziehen in meinen Gedanken noch einmal ein paar Ereignisse der Woche vorüber. Eigentlich sind es alles Elendsbilder: Da ist die abgezehrte schwerkranke junge Frau mit dem kleinen Kind. Bei ihrer Aufnahme schreibe ich 18 Jahre als Alter auf die Patientenkarte. Nachher erfahre ich, dass der Säugling bereits ihr drittes Kind ist. Oder der hübsche kleine Junge mit der Meningitis (Hirnhautentzündung), der aller Wahrscheinlichkeit nach einen Hirnschaden hat. Eine junge Frau hat zu Hause ihr erstes Kind entbunden. Es ist tot. Sie selbst hat eine massive Infektion. Wird sie durchkommen? Im Grunde spricht alles dagegen.

Man könnte Seiten füllen mit solchen Schicksalen.

Beim Einbiegen in unser Klinikgelände bringt mich das vielstimmige Kindergeschrei aus dem Injektionsraum schnell in die Gegenwart zurück. Der Klinikalltag ist bereits in vollem Gange. Vor meiner Tür sitzt eine ganze Reihe wartender Patienten – hier die einen für Laboruntersuchungen, dort drüben die anderen mit großen Wunden und Abszessen, die zum Verbandswechsel kommen.

Was gestern, heute Nacht, heute Morgen passierte, ist im Nu verdrängt von neuem Geschehen, neuen Gesichtern, neuen Schicksalen …

Veränderung bahnt sich an

Nach ein paar trüben, unfreundlichen Tagen strahlt heute die Sonne wieder vom wolkenlos blauen afrikanischen Himmel. Auch in meinem Herzen sind heute wieder Ruhe und Frieden eingekehrt, nachdem Sturm und Dunkelheit für eine Weile die Oberhand zu gewinnen schienen. Warum eigentlich?

Von Indonesien erreichte mich der Vorschlag, als Vorbereitung für Osttimor die Bewerbung für eine offene Stelle im staatlichen Krankenhaus in Kupang/Westtimor in Erwägung zu ziehen. Dort suche man eine MTA zur Weiterentwicklung von Labor und/oder Röntgen-Abteilung. Das könnte eine gute Gelegenheit sein, Kultur und Sprache kennenzulernen.

Es ist nicht leicht ein Ja zu finden, das mir liebgewordene Gambia schon sehr bald – nach nur zweieinhalb Jahren – zu verlassen, um nach einem kurzen Zwischenaufenthalt in Deutschland einer noch ungewissen fernöstlichen Zukunft entgegenzugehen.

Ist es einerseits richtig, die angefangene Arbeit hier aufzugeben, nur weil sich „drüben" eine Tür – oder wenigstens ein kleiner Türspalt – zu öffnen scheint?

Ist es andererseits richtig, das ursprüngliche Ziel einfach fallen zu lassen – obwohl sich wider alles Erwarten nun doch dieser kleine Spalt öffnet – nur weil es leichter, bequemer, vielleicht auch sicherer wäre, hier zu bleiben?

Eine neue Sprache lernen? Sich in eine neue Kultur hineintasten – wo man die hiesige noch nicht im Entferntesten begreift?

Ist es richtig, allein in diese so ganz andere Welt zu gehen?

Das sind nur ein paar der manchmal so bohrenden Fragen.

„In acceptance lies peace" (im Annehmen liegt Frieden), und mit dem Ja – einfach zum allernächsten Schritt – kehren Ruhe und Frieden zurück.

„Gib mir diese Berge", sagte Kaleb,

- obwohl er wusste, dass die so gefürchteten Riesen ihren Hinterhalt dort hatten,
- obwohl er um diese Zeit bereits 85 Jahre alt war, wie auch Josua 20 Jahre älter als alles übrige Volk,
- obwohl seit dem Empfang der Verheißung 45 Jahre verstrichen waren, mühsame Jahre voller Enttäuschung!

4. In Westtimor

Erster Besuch – ein Augenöffner

Ein wehmütiger Abschied von Gambia, drei Monate in Deutschland – und auch da wieder ein Abschied – liegen hinter mir. Ich bin unterwegs in den Fernen Osten.

Nach einem kurzen Abstecher bei meiner Schwester Ruth in Batu/Java, wo sie schon viele Jahre an einer Bibelschule unterrichtet, geht die Reise weiter nach Kupang/Westtimor. Dort erwartet mich ein Vorstellungsgespräch bei der Gesundheitsbehörde und im Krankenhaus. Der sprachlichen Verständigung wegen reist meine Schwester mit.

Nach zahlreichen Behördengängen kommen wir schließlich im Krankenhaus an. Der Direktor hat allen Grund stolz zu sein. Von einem europäischen Land geliefert und eben im Einbau begriffen sind:

eine neue Röntgen-Apparatur

eine neue OP-Ausstattung

eine neue Kreißsaal-Einrichtung

für die Wäscherei zwei große neue Waschautomaten

eine neue Kücheneinrichtung.

Wir dürfen Zeuge sein, wie da zum ersten Mal gekocht wird. In der schönen Kippbratpfanne geht die Fleischportion für das 150-Betten-Haus beinahe verloren.

Die neue Einrichtung arbeitet mit Gas (bisher wurde mit Kerosin gekocht). Die jetzt in Gebrauch genommene Gasflasche ist die einzige verfügbare. Nachschub müsste aus Java besorgt werden. Im Budget ist Geld für Kerosin, nicht aber für Gas vorhanden.

Die neue Röntgen-Einrichtung verbraucht wesentlich mehr Strom als die bisherige. Die Ingenieure fragen sich, ob dafür das nötige Geld vorhanden ist, zudem sind die elektrischen Leitungen nicht ausreichend.

Die einzelnen Betten-Stationen liegen auf unterschiedlichen Terrassen, die über steinige Wege und ungleiche Steinstufen zu erreichen sind. Hier kann das zusätzlich gelieferte fahrbare Gerät für Betten-Aufnahmen nicht eingesetzt werden.

Beim Passieren der bisherigen Röntgen-Abteilung entdecken wir ein Schild: „Keine Röntgen-Filme vorhanden"! Die Lieferfirma ist nur für die neue Einrichtung, nicht aber für die nötigen Filme zuständig.

Den neuen modernen Waschautomaten steht ebenfalls ein erheblicher ‚Kulturschock' bevor, werden sie erst einmal mit dem ach so timoresischen Waschgut Bekanntschaft machen.

Im Labor hören wir, dass – fehlender Reagenzien wegen – seit sechs Monaten keine Serum-Untersuchungen ausgeführt werden können. Es sei auch kein Geld für Reagenzien da. Meine flüchtige Erwähnung von Merck-Reagenzien und der Merck-Vertretung in Jakarta war wohl nicht so ganz das Richtige. Der Direktor wird sichtlich unsicher. Wir gehen rasch zu anderen Themen über. Umso größer ist die Überraschung, als der Labor-Assistent – in Anwesenheit des Direktors – einen Laborschrank öffnet, der voller Merck-Reagenzien mit deutscher Aufschrift steht. Die Staubschicht auf den Flaschen und deren Verschlüssen spricht eine eigene Sprache.

Natürlich versichert man – mit dem Grundton der Überzeugung – dass all diese Reagenzien laufend in Gebrauch sind.

Um manche Erfahrungen und Einsichten reicher sind wir in Kürze wieder zurück in Java, wo für mich ein intensives Sprachstudium beginnt. Drei Monate sind dafür vorgesehen.

Nur zu schnell sind diese drei Monate vorbei, und ich lande jetzt wirklich in Kupang/Westtimor.

In Kupang vor Anker gehen

Bei der Wohnungssuche ist mir der Pfarrer der Gemeinde Nunhila – eines Außenbezirks der Stadt, wo sich seine Kirche befindet – behilflich. Sie endet schließlich im Gemeindezentrum, das neben Gemeinderäumen, Kindergarten und kleiner Poliklinik noch über einige freie Räume verfügt. Zusammen mit der indonesischen Gemeindehelferin erhalte ich dort ein kleines Zimmer mit Doppelstockbett; es hat eine schmale glaslose Fenster-Öffnung direkt unter dem Wellblechdach, zudem eine Kochgelegenheit. Da das Haus am Hang zum Meer hin gelegen ist, führen Zementstufen zu diesem unserem tiefer gelegenen Zimmer.

Mit uns zusammen wohnt „Gigi", unsere kleine Katze, die in vieler Hinsicht recht nützlich ist. Sie fängt fleißig Mäuse, Kakerlaken und auch allerlei Insekten, einfach alles was „kreucht und fleucht" (leider keine Moskitos). Ihr kann ich ins Ohr flüstern, wenn ich abends müde bin und bald schlafen möchte, während irgendjemand aus der Nachbarschaft in meinem Bett liegt und von dort jede meiner Bewegungen verfolgt. Das „hörbare Geflüster" hat Erfolg, die Nachbarin macht sich auf den Heimweg.

Die ersten Wochen und Monate im Labor des Krankenhauses sind – wie könnte es anders sein – eine echte „Schocktherapie". Es ist ein Lernen auf allen Ebenen. Ich bin nicht die Gast-Assistentin, die Fortschritt bringt, sondern werde zum „Sündenbock" für alles, was schief geht, auch wenn ich mit dem entsprechenden „Fall" überhaupt nichts zu tun habe. Das ist manchmal recht bitter und verwirrend. – Es ist bald klar: Fortschritt bringt Mehrarbeit, und das will man unter keinen Umständen. Aber ich will willig werden, mich formen zu lassen.

Ein Wort, das mir vor meiner Reise hierher zuteil wurde, ist mir immer wieder eine Ermutigung. Es steht in Jesaja 54,5: „Der dich gemacht hat ist dein Mann". Bei ihm, meinem Schöpfer, finde ich Trost, Rat, Ermutigung und Durchhaltevermögen!

Verbesserung der Wohnungssituation in Sicht

In den höher gelegenen Stadtbezirken (Kupang beginnt auf Meereshöhe und steigt in Richtung Inland recht steil an) wohnen einige Missionars- und MAF-Piloten-Familien,[3] mit denen ich mit der Zeit bekannt werde. Wenn sie für kürzere oder längere Zeit abwesend sind, bitten sie mich, ihre jeweiligen Häuser zu „hüten". Da wohne ich dann in den besseren Vierteln der Stadt und kann etwas Privatleben genießen. Mit der Zeit erwachsen daraus hilfreiche Freundschaften.

Auch mit den Nachbarsfamilien, unten am Meer in Nunhila, besonders mit deren zahlreichen Töchtern, entstehen Freundschaften. Dort in Nunhila bahnt sich auch eine wohnungsmäßige Veränderung für mich an. Unmittelbar am Meer – nur durch eine schmale Straße davon getrennt – entsteht ein kleines Haus, das eines Tages mein Domizil werden soll. Die Arbeiten dort gehen nur sehr langsam voran; Geduld ist gefragt. Aber 15 Monate später ist es dann soweit.

Dienste außerhalb des Krankenhauses

Wenn unser Pfarrer sonntags auf einer der kleinen Nachbarinseln Gottesdienst hält, darf ich mitkommen, um mich anschließend der Kranken anzunehmen. Für diese Möglichkeit bin ich von Herzen dankbar. Die Fahrt mit dem Ruderboot ist jedes Mal ein spannendes Abenteuer, vor allem bei stürmischer See. Keiner der Ruderer kann schwimmen. „Wir halten uns im Notfall dann alle an dir fest," sagen sie zuversichtlich.

Auch die Nachbarn fassen Zutrauen und suchen Hilfe für ihre gesundheitlichen Probleme. Trotzdem ermutigt die ganze Lage nicht dazu, tiefere Wurzeln zu fassen, sondern das eigentliche Ziel meiner Berufung – Osttimor – fest im Auge zu behalten.

3 MAF: *Mission Aviation Fellowship.*

Ein Zufluchtsort für mein aufgewühltes Herz

Neulich erhielt ich einen interessanten Brief. Er ist ein Ausschnitt aus einem randvollen Dasein einer Missionarin. So ganz echt, wie sich das vielleicht jeder wünschen würde: ein ausgefülltes und erfülltes Leben.

Dieser Brief hat manche Saiten in meinem Herzen angerührt. Erst wollte ich meine Gefühle zum Schweigen bringen. Aber dann ging ich zum Herrn und habe Ihm alles gesagt. Ich habe Ihm auch gesagt, dass sie anderswo nicht wissen, wie sie all den Hilfesuchenden gerecht werden sollen, und ich reihe hier einen grauen, langweiligen Tag an den anderen – manchmal gespickt mit allerlei Widerwärtigkeiten ... Was soll das? Wenn ich recht verstanden habe, lautet die Antwort: „Ich sehe das anders. Vor mir zählt jeder noch so graue, unscheinbare, von niemand beachtete Tag und die Stellung, in der du diesen Tag verbringst."

In Nahum 1 steht viel von Gottes Zorn, Grimm, Rache – und mitten drin steht Vers 7: „Gütig ist der Herr gegen die auf IHN Hoffenden, eine feste Burg am Tag der Drangsal, und er kennt die, welche bei IHM Zuflucht suchen." (Nahum 1,7; Übersetzung nach Menge 1936)

Ja, das will ich: in allen Lagen bei IHM Zuflucht suchen.

Ein Blick in Sitten und Gebräuche

Weihnachten steht vor der Tür. Schülerinnen einer kleinen freikirchlichen Bibelschule, die von anderen Inseln hierher gekommen sind, suchen eine Bleibe während der Weihnachtsferien. So kommt zuerst Nora, später noch Dorkas, Johanna und Esther zu mir in meine kleine Bude. Ihre Anwesenheit bringt Leben ins Haus, gibt mir aber auch tiefe Einblicke in Sitten und Gebräuche – auch in das, was unter dem Deckmantel des Christentums geschieht. Es geht so weit, dass man Verbindung mit Satan aufnimmt. Eines der Mädchen war selbst diesbezüglich aktiv und schildert den Prozess.

Andere, Familienangehörige eines eben Verstorbenen, nehmen sich Haare des Toten. Ist man im Besitz von Haaren, kann man in der darauffolgenden Nacht fragen, woran der Betreffende gestorben ist. Nicht, dass der Leichnam selbst reden würde, er spricht im Herzen des Fragenden und sagt zum Beispiel: „Der oder die hat mich vergiftet," oder: „Ich bin an einer normalen Krankheit gestorben". Wurde er vergiftet, kann man sich ausrechnen, was dem „Täter" passiert.

Eines Sonntags ist eines der Weihnachtsurlaub-Mädchen ganz aufgewühlt: Sie hat ein kleines Päckchen von ihrer Mutter erhalten, aber auch die Nachricht, ihre Mutter sei sehr abgemagert und elend. Der Grund: die Mutter macht sich schreckliche Sorgen um eben diese ihre einzige Tochter. Leute, die angeben, „spezielle Gaben" zu besitzen, haben ihrer Mutter gesagt, die Tochter habe Ehebruch begangen und sei schwanger. Die Mutter traut sich nicht mehr unter die Leute und erst recht nicht mehr in die Kirche. Das jüngste „meiner Mädchen" kommt von der gleichen Insel, sie schreibt auf der Stelle und versichert der Mutter, dass nichts von dem Gesagten stimmt.

Wie kann man für dieses Volk beten?

Mir fällt Daniels stellvertretendes Bußgebet ein. Und dann heißt es: Schon beim Beginn seines Gebets schickt Gott einen Engel, um ihm eine Botschaft zu bringen.[4]

Abschied ohne neue Perspektive

Beinahe drei Jahre sind inzwischen vergangen – Jahre reich an Freude und Leid – als mich die Nachricht erreicht, dass mein Arbeitsvertrag von der zuständigen Behörde in Jakarta nicht mehr verlängert wird.

Die Arbeit und all die Bekanntschaften im und durch den Dienst im Krankenhaus, die Kinder und Erwachsenen, die ein

4 Daniel 9,21.

reges Interesse an meiner Leihbücherei haben, viele neu entstandene Freundschaften machen auch diesmal den Abschied nicht leicht – vor allem deshalb, weil Osttimor, mein Ziel-Land, noch immer verschlossen ist.

Aus der „Neuen Zürcher Zeitung" kommt mir folgender Artikel in die Hände:

Belagerungszustand über Osttimor verhängt

Lissabon, 15. September

Die indonesischen Militärbehörden haben über die ehemals portugiesische und 1975 von Indonesien annektierte Kolonie Osttimor den Belagerungszustand verhängt. Wie am Donnerstag in Lissabon bekannt wurde, ist der Governeur Osttimors, Mario Carrascalao, seines Amtes vorübergehend enthoben worden.

Unterdessen versuchten starke indonesische Militärverbände mit 20 Bombern, Dutzenden von Helikoptern und Kriegsschiffen den letzten Widerstand der Befreiungsbewegung „Fretelin" zu brechen.

Die „Fretelin", die für die Unabhängigkeit Osttimors kämpft und Indonesien Völkermord vorwirft, hatte vor drei Monaten den Abschluss eines Waffenstillstandes mit der indonesischen Armee verkündet. Das angebliche Abkommen wird aber von Indonesien nicht respektiert.

Die bis zuletzt heimlich gehegte Hoffnung, dass sich doch noch eine Tür nach Osten und ein gangbarer Weg auftun, hat sich damit zerschlagen.

5. In der Warteschleife

Zurück in Batu

Beinahe über Nacht bin ich wieder in Batu auf der Insel Java, zunächst einmal um mit der Feldleitung des WEC meine weiteren Schritte zu besprechen:

Eine zusätzliche Ausbildung in Australien?

Im medizinischen Bereich?

Im theologischen Bereich?

Beides zerschlägt sich in relativ kurzer Zeit. Wie und wo soll es weitergehen?

Wieder einmal lege ich ein Vlies aus: Um zunächst in Batu zu bleiben, müsste mein Visum verlängert und auf die Indonesische Missions-Gemeinschaft (IMG) in Batu als Sponsor umgeschrieben werden. Dazu ist die zur Verfügung stehende Zeit einfach zu kurz. Mein bisheriges Visum läuft in drei Monaten aus.

Was niemand für möglich hält, trifft ein: Das erforderliche Visum ist in Rekordzeit erteilt. Um es in den Pass einzutragen muss ich nicht einmal – wie sonst üblich – außer Landes gehen.

Damit sind die Weichen vorerst gestellt, und in Kürze sitze ich in einem der Büros der Indonesischen Missions-Gemeinschaft, wo gerade zwei Kräfte ausgefallen sind.

Um ehrlich zu sein: Büro-Arbeit ist echt nicht „mein Ding“. Das Ja dazu fällt mir nicht leicht. Aber – wenn auch erst Jahre später – bin ich dankbar, dass mir u. a. Behördenbriefe dabei geläufig geworden sind.

Nach kurzer Zeit darf ich auch Frau Dr. Kuhl in der gesundheitlichen Betreuung der Kinder der Diakonie-Abteilung helfen. Jeden Nachmittag kommen drei andere Gruppen, so dass wir im Laufe einer Woche alle 500 Kinder gesehen haben. Das ist ein guter Ausgleich zur trockenen Büro-Tätigkeit.

Am Wochenende bin ich meist oben in Junggo, einem am Berghang gelegenen Retreat- und Schulungszentrum, Jahre zuvor von meiner Schwester und Anni, ihrer Mitarbeiterin, begonnen. Beide wohnen und arbeiten dort.

Umzug nach Junggo

Kaum ist ein Jahr vergangen, als sich die große Veränderung anbahnt. Ruth muss sich plötzlich einer Gallenblasen-Operation unterziehen, bevor sie anschließend – zusammen mit Anni – ihr Studium zur Erlangung eines „Master of Arts in Christian Education" in den USA fortsetzt. Das bedeutet, dass ich dauerhaft nach Junggo umziehen und die Verantwortung für das Retreat-Zentrum übernehmen werde. Ich fühle mich der großen Aufgabe und Verantwortung absolut nicht gewachsen. Aber habe ich nicht schon mehrfach erlebt: Gott beauftragt uns nicht nur, er gibt auch die Kraft und Weisheit dazu – in täglicher Abhängigkeit von IHM. Trotzdem – ich bin mir bewusst, dass ein großer, ganz neuer Dienst vor mir liegt.

Das Anwesen hat 50 Gästebetten, die oft – und vor allem übers Wochenende – voll belegt sind. Da sind vorher die Zimmer zu richten, die Menüpläne zu besprechen und Einkäufe zu erledigen. Der Gärtner und sein Gehilfe brauchen Anweisung. Die beiden Praktikantinnen müssen von der Pieke auf angelernt und beaufsichtigt werden. Unsere Küchenfee braucht Hilfe, dass sie beim Einkauf und Geldausgeben das richtige Maß einhält, damit vor oder mitten in einer Rüstzeit nicht Reis, Zucker, Mehl, Gas oder die Streichhölzer ausgehen. Die Gästezimmer müssen nachgeprüft werden, ob Handtücher, Streichhölzer, Petrol-Lämpchen, ein paar Blumen etc. vorhanden sind. Dann sind da noch die Buchführung und der Unterricht für die Praktikantinnen. Der Arbeitstag beginnt um 6.30 Uhr mit dem gemeinsamen Frühstück des Teams. Nach der anschließenden Hausandacht folgen kurze Arbeitsanweisungen, ehe ich mit einem Stoßgebet ins Auto steige, um ins Tal zum Büro zu fahren. Wenn ich zurückkomme, sind meist schon alle in der Mittagspause. Nach kurzem Mittagessen gehört der Rest des Tages ganz den Pflichten des Rüstzentrums. Oft kommen Gäste, um sich die Häuser und das Gelände anzusehen und/oder ein Camp/Retreat zu besprechen. Das ändert die ganzen Pläne. Manche Arbeit kann erst nach 22 Uhr bei Kerzenlicht erledigt werden, wenn der Generator bereits Feierabend hat. Trotz alledem, ich bin dankbar, dass ich mich nützlich machen kann.

Was mir etwas Kummer macht, ist unsere Küchenfee. Sie kann gut kochen, wenn sie will. Aber manchmal sieht es auch anders aus. Habe ich sie doch gebeten – was ich viel lieber selbst tun würde – für Ruth in ihrer Rekonvaleszenz-Periode einen schmackhaften kleinen Kartoffelbrei zu machen. Was sie dann aus halbweich gekochten und wohl schon kalten Schalenkartoffeln fabrizierte, benenne ich besser nicht.

Allen Kummer mit Essen, Geld etc. etc. muss man in „asiatische Watte" verpackt, gepaart mit Freundlichkeit und eiserner Festigkeit, zur Sprache bringen. Das ist nicht so sehr meine Gabe. Aber ich bin am Lernen und erinnere mich: „Ich vermag alles durch den, der mich mächtig macht, Christus." (Philipper 4,13)

Inzwischen ist Ruth abgereist, zunächst nach Deutschland, um nach kurzer Zeit in die USA weiterzuziehen. Bei mir hat Junggos Haushalt das Rennen gewonnen, das Büro ist nur noch eine „Randfigur". Sooft es geht, nehme ich mir zudem noch die Arbeit aus dem Büro mit nach Junggo, einfach, um hier anwesend zu sein.

Mein Privatkrankenhaus

Damit meine Liebe zur medizinischen Arbeit nicht verkümmert, haben wir hier – ganz ungeplant – ein winziges „Privatkrankenhaus". Frau Semi, unsere unentbehrliche Hilfskraft, hat sich immer noch nicht voll vom Rückfall ihrer Lungenentzündung erholt. Eine der Praktikantinnen braucht nur von ein paar Regentropfen nass zu werden, und schon hat sie eine eitrige Mandelentzündung. Die Frau des Hausmeisters läuft mit verschwollenem Gesicht durch die Gegend, vermutlich weil die Wurzeln ihrer Zahnstümpfe infiziert sind.

Zu all den Patienten gesellt sich Nummer 1 unserer vierbeinigen Wächter. Unter seinem frisch gebadeten blütenweißen Fell hat „Carlo" eine Furunkulose. Seitdem er Anni – deren absoluter Favorit er sein möchte – aus den Augen und auch ein wenig aus dem Sinn verloren hat, bewacht er mich treu. Hört er am frühen Morgen den ersten Laut aus meinem Zimmer, dann wedelt sein dicker Schwanz ganz fröhlich an meine Außentür.

Unerfreuliche Überraschungen

Auch noch andere Vierbeiner beschäftigen mich zur Zeit. Stelle ich doch gestern Abend – als der Generator noch in Betrieb ist – die Waschmaschine an. Es hört sich an, als sei ein Stein im Motor. Mir bleibt fast der Atem stillstehen, denn wer würde uns hier oben, so abseits gelegen, das Ding reparieren? Es ist eher eine Erleichterung, als kurz darauf eine Ratte herausgehumpelt kommt. Sie hat offensichtlich ihr Mittagsschläfchen zu lange ausgedehnt.

Nur – diese Sorte Vierbeiner nimmt wirklich zu sehr überhand. Sie gehen schon familienweise spazieren: rein in die Hundeschüssel – der Schwanz ist noch draußen. Raus aus der Hundeschüssel – der Schwanz ist noch drinnen; rauf auf die Bäume – und wieder runter, unter die Gasflasche, in die Waschküche. Eine Rattenfalle hat draußen schon ein paar Tiere erlegt. Bis des Hausmeisters klitzekleiner neuer Kater erst einmal die Ratten an Größe erreicht oder übertroffen hat, wird noch ein Weilchen vergehen. Vorerst fürchtet und flieht er alles, was sich regt und bewegt.

Never a dull moment (nie ein langweiliger Moment)

Gut, dass heute Mittag keine Gäste kamen. Sie hätten mich in Jeans, ziemlich unternehmungslustig auf dem einzigen Pfirsichbaum unseres Anwesens gefunden – nicht gerade salonfähig.

Schon lange liegt mir der Baum am Herzen. Die Männer haben ihn wohl schon aufgegeben. Trotz ihres Versprechens hat sich noch keiner drangemacht. So habe ich heute selbst armdicke dürre Äste ausgesägt.

Unsere Hunde sind fast aus dem Häuschen, als sie nur ein kleines Stückchen „blaues Hosenbein" erblicken können. Das erinnert mich, dass wir schon monatelang nicht zusammen gelaufen sind. Die Tiere sind ganz außer sich, zerren mich an den Hosenbeinen, rasen wie die Wilden vor, neben mir und um mich herum. Als das Werk des Baumschneidens getan ist, bereite ich mir und ihnen dann wirklich noch das Vergnügen, bis zum kleinen Bach in Richtung „Himbeer-Wald" zu rennen.

Unerwartete Gäste

Ganz unerwartet kommt am Freitag der „Vortrupp" einer Jugendgruppe, die ihr vorgesehenes Wochenendquartier anderswo belegt vorgefunden hatte. So suchen sie bei uns „Unterschlupf" für 50–60 Teilnehmer. Eigentlich ist es echt gut, unser Fassungs- und Leistungsvermögen einmal auszutesten.

Schnell werden Betten zusammengerückt, Faltbetten eingeschoben, um mehr Leute fassen zu können. Wer nur irgend kann, hilft beim Bettenbeziehen. Ich selbst muss ganz schnell runter nach Batu flitzen, um Reis und andere Vorräte aufzufüllen. Selbst der Generator muss Überstunden machen.

Am Sonntagnachmittag zieht auch der letzte unserer 56 Gäste froh und zufrieden nach Hause. – Wir alle vom Team wissen, was wir geschafft haben!

Unser Auto – alt, aber unentbehrlich

Wie bin ich dankbar für alle Hilfe und Bewahrung, auch dass unser Auto – trotz mancher Gebrechen – immer noch seinen Dienst tut, obwohl ihm die vielen Bergfahrten hart zusetzen. Es beschert mir nebenbei ein paar eindrückliche Erlebnisse: Als ich es am allereiligsten hatte, blieb es – ausnahmsweise schon bei der Talfahrt – plötzlich stehen, gab keinen einziges „Lebenszeichen“ mehr von sich. Was tun? Ich wollte mich schon einem öffentlichen Verkehrsmittel zuwenden, als mir zum Bewusstsein kam: „Ich hab‘ ja noch gar nicht gebetet.“

„Herr, du kannst auch ein ‚totes Auto‘ wieder lebendig machen“, sagte ich ganz einfach. Schnell war die Tür wieder aufgeschlossen, der Zündschlüssel umgedreht und – oh Wunder – der Motor lief und ließ mich nicht mehr im Stich. Welche Freude und Erleichterung.

Sturm und Regen

Die Regenzeit hat ihren Höhepunkt erreicht. Ein gewaltiger Sturm tobt Tag und Nacht. Es ist einerseits ein faszinierender Anblick, wenn der Bambuswald nebenan sich so tief verneigt, dass es hell im Zimmer wird. Andererseits kommt aber auch jeder noch so verborgene Schaden zum Vorschein: Hier und dort stürzt ein ach so stabil aussehender Baum, weil er tief innen eine Hohl- oder Faulstelle hat.

Was bringt der „Sturm des Lebens“ bei mir zutage?

Zu dieser Jahreszeit regnet es oft tagelang von früh bis spät. An Wäschetrocknen ist nicht zu denken. Und doch kommt unsere unentbehrliche Hilfskraft dieser Tage fröhlich zur Morgenandacht: „Gestern früh bin ich einfach auf den Wäscheplatz gegangen und habe gebetet. Und abends war alles trocken – selbst das, was noch von der letzten Woche übrig war.“

Erweiterung

Schon zwei Jahre wird um das angrenzende Grundstück gebetet. Es wäre ideal für die so nötige Erweiterung unseres Anwesens. Wiederholt sind die Kaufverhandlungen gescheitert. Dann tritt ein anderer ernsthafter Interessent auf. Nun scheint die Sache für uns ganz verloren. Sogar in zweifacher Hinsicht. Denn das, was geplant ist, würde die Ruhe, die Atmosphäre unseres Komplexes gefährden. Was nun? – „Herr, du bist unsere Zuflucht. Du kannst, was kein Mensch kann …“ Plötzlich verliert der Möchtegern-Käufer sein Interesse. Wir können in die begonnenen Verhandlungen einsteigen und fast über Nacht gehört das Gelände uns.

Sehnsucht

Gott erhört Gebet, in den kleinen Dingen des Alltags und auch in den großen Entscheidungen des Lebens. Er hat mich in weiser Absicht hierher geschickt, damit Ruth ihr Studium beenden kann, die Zeit ihrer Krankheit, Operation und Genesung überbrückt und auch sonst noch einige „Löcher“ gestopft werden konnten.

Wird ER nun bald eine der ersehnten Türen öffnen? Wo wird der Weg weitergehen?

Die Geschichte eines Führerscheins

Es führt kein Weg daran vorbei: Mein Führerschein muss erneuert werden. Das wird mich in nächster Zeit noch öfters in die nicht allzu ferne Kreisstadt führen. Über diese Prozedur ließe sich eine ganze Geschichte schreiben. Zuerst werden spezielle Fotos benötigt. Ich traue meinen Augen kaum, als ich dazu in ein fleißig benütztes Herrenhemd schlüpfen muss. Eine breite schwarze Fliege wird daran geheftet. Kopf ein wenig nach rechts, ein wenig nach links, Mund fest schließen … der nächste Kunde wartet schon aufs Hemd!

Nun, für das Fotoergebnis fehlen mir die Worte. Es wird uns noch oft erheitern.

Was tut’s, wenigstens sind die Bilder fertig. Bis die anderen notwendigen Papiere beisammen sind, ist noch ein weiter Weg zurückzulegen.

Patienten

Unser Retreat- und Gäste-Zentrum gleicht im Moment mehr einem Privatkrankenhaus.

Hez hat seine Blinddarmentzündung gut und schnell überstanden. Weil er einen solch „steilen Aufstieg" machte, hat man ihn schon in jeder Hinsicht unter die Gesunden gerechnet, bis er eine schwere Gastritis bekommt. Er macht uns ordentlich Sorge. Erst mit Spritzen und Infusionen konnte das Erbrechen gestoppt und der aufgewühlte Körper zur Ruhe gebracht werden.

„Unser Herzpatient" ist pflegeleicht. Er macht Fortschritte. Sein Zimmer liegt am äußersten Ende des Komplexes, damit er vom großen Betrieb etwas abgeschieden ist.

Frau Semi ist teils in der Küche, teils im Bett, um ihre Grippe auszukurieren.

In dem kleinen Häuschen auf der dritten Terrasse kann man Ruth besuchen. Sie kuriert dort ihre Gürtelrose aus. Es gibt zwischendurch schon Tage, an denen es ihr besser geht, aber der Aufstieg ist nicht so steil und geradlinig. Ruth muss möglichst weit weg von uns sein, denn hier oben läuft zur Zeit der Intensivkurs für Sonntagsschullehrer.

Noch immer keine Langeweile

Ein immerwährendes Kommen und Gehen ist das Leben hier oben in Junggo. Selbst guten Freunden kann man nicht lange nachtrauern, weil die nächsten Gäste schon vor der Tür stehen.

Draußen hinter dem großen Tor steht das Gepäck von 90 Jugendlichen, die auf ihren verspäteten Bus zur Heimreise warten, während wir schon bienenfleißig die Zimmer für die nächste Gruppe vorbereiten, die heute Abend ankommt.

Nicht immer geht es so Schlag auf Schlag, aber manchmal – vor allem in der Hochsaison – lässt es sich einfach nicht vermeiden.

Abschied von den Praktikantinnen

Mindestens einmal im Jahr ist das Kommen und Gehen ein tiefer Einschnitt in unsere kleine Familie: Der Abschied von unseren Jahresschülerinnen und -schülern und das Kommen der Neuen.

Ein Jahr lang haben wir unser Leben mit ihnen geteilt und versucht, sie auf die Bibelschule und ihren späteren Dienst vorzubereiten. Dass „Dienen“ nicht in erster Linie mit dem Mund geschieht (Zeugnis geben, Predigen, Sonntagschule halten etc.) sondern mit den Händen, mit dem ganzen Leben, das ist eine recht schwere Lektion, die gelernt sein will!

Ermutigt, ihr bisheriges Leben grafisch darzustellen, ließ eines der Mädchen die Linie ihres Dienstes beim Eintritt in Junggo abrupt enden. – Das Umdenken ist gar nicht so leicht.

Unterwegs mit unseren Gästen

Manchmal wünscht man, die Zeit würde einen Augenblick stillstehen, damit man all die Eindrücke verarbeiten kann. So erging es uns Sonntagnacht um 24.00 Uhr, als eine Gruppe aus Deutschland wieder ihren Bus bestieg, um zum Vulkan Bromo und von dort weiter nach Bali zu reisen. Viereinhalb Tage waren sie unsere Gäste gewesen. Viereinhalb reiche Tage mit vielen Eindrücken, die man zu gerne festgehalten hätte. Wir sind in dieser Zeit gute Freunde, nein, eine Familie geworden. Ganz im Stillen haben wir auch Wunder erlebt. Eines davon hat unsere Köchin in Worte gefasst: „Wir waren müde, und doch waren wir auch nicht müde. Die Freude hat überwogen.“

Die Tage begannen recht früh und endeten meist spät, vor allem für uns als Team. So bereitete mir die Fahrt zur Südküste mit Picknick für eine dieser Gruppe ein wenig Unbehagen. Und dann erlebte ich das Wunder am eigenen Leib: Es war, als würde ich gar nicht selbst am Steuer sitzen. Es ging so mühelos, dass ich mehrmals auf die hinterher kommenden Fahrzeuge mit ihren professionellen Fahrern warten musste. Obwohl die Sonne sich nicht sehen ließ, hatten wir alle viel Freude. Das Picknick, auf dem mitgebrachten Gaskocher heiß gemacht, fand reißenden Absatz.

Am nachhaltigsten sind die menschlichen Begegnungen. Um ihretwillen hätten wir gern die Zeit ein wenig angehalten. Aber – sie schreitet unaufhaltsam weiter. Jede Ecke des Komplexes rüstet sich bereits zum Empfang der nächsten Gruppe!

6. Umzug ins Tal

Vom Berg ins Tal

Wieder geht ein Gäste- und arbeitsreicher Sommer seinem Ende entgegen. Flexibilität war groß geschrieben. In all dem Kommen und Gehen blieb gar nicht viel Zeit, über die geplante Übergabe an Familie Pello – langjährige Mitarbeiter in der Kinder- und Jugendarbeit – nachzudenken. Schließlich waren Pellos ja auch noch sehr weit weg: In England, Amerika und Deutschland. – Aber plötzlich war es dann soweit. Es war für alle Teile nicht ganz leicht: für Pellos selbst, die aus einer ganz anderen Welt kamen, fürs Haus-, Küchen- und Garten-Team, dass den Wechsel gar nicht wahr haben wollte, und auch für mich selbst. Aus dem vielseitigen Dienst an den Gästen, am Team, in der Planung für die Belegung, in der Pflege des Gartens, der Instandhaltung der Gebäude und dann auch noch dem Bau zweier weiterer Gästehäuschen wache ich eines Morgens unten in Batu im „Haus in den Reisfeldern" auf.

Statt von den Bergen ins Tal geht der Blick nun vom Tal zu den Bergen; aus dem Großbetrieb und der Großfamilie wurde ein Mini-Haushalt. Ruth, Anni und ich – auch „das dynamische Trio" genannt – sind nun wieder beisammen. Statt all dem Leben rundum sitze ich nun wieder am Schreibtisch (Mithilfe beim Tippen der neuen Lektionen des Sonntagschul-Materials). Flexibilität wird wieder groß geschrieben – auch im Blick auf die Zukunft.

Sicher ist es nicht von ungefähr, dass sich gerade in den letzten Wochen die Zeitungsberichte über die geplante Öffnung Osttimors zum Jahresende 1988 verdichten. Das war und ist ja das eigentliche Ziel meiner Berufung.

Zwei Osttimoresen, die 1982 einen Anfang ihrer „geistlichen Reise" in Junggo machten, haben vor kurzem eine vollständige theologische Ausbildung in der Bibelschule in Sumatra beendet.

Auf dem Weg zurück in ihre Heimat machen sie einen Abstecher bei uns. Einer davon lädt mich in sein Heimatdorf, seine Gemeinde ein, der er nun dienen wird.

In Osttimor tut sich etwas

Zum Jahresbeginn 1989 wird tatsächlich die Öffnung Osttimors bekanntgegeben. Freunde strecken erste Fühler aus. Und dann reise ich mit unserem Feldleiter-Ehepaar zum ersten Mal in das Land meiner Berufung. Mit der Leitung der protestantischen Kirche wird vereinbart, dass ich unter dem Schirm ihres diakonischen Zweiges meinen Dienst beginnen kann.

Es folgen knapp drei Monate in Deutschland mit vielen wertvollen Kontakten, Auftanken im schönen Schwarzwald. Zurück in Batu im „Haus in den Reisfeldern" beende ich das Tippen des begonnenen Lehrmaterials für den Unterricht von Kindern in der Sonntagschule. Auch diese Zeit erfährt eine abenteuerliche Unterbrechung: Eine 14-tägige Reise nach Osttimor, zuerst mit Frau Dr. Kuhl und Lexy Pello; in der zweiten Woche mit einer Gruppe wackerer Schwaben. Es sind Freunde mit einem brennenden Herzen für das Land.

Keiner von uns wird die gemeinsamen Tage vergessen, die vielen Stunden des „Durchgeschütteltwerdens" auf dem, was sich hier Wege nennt, die Stunden des Wartens, des Hoffens und Bangens, die vielen Begegnungen, das Teilen von Freud und Leid derer, die auf einsamem Posten hier ihren Dienst tun.

Das Abenteuer beginnt in Same. Für die drei Männer des Teams steht ein Zweibettzimmer, für uns zwei Frauen ein Einbettzimmer zur Verfügung. Kein heimliches Stöhnen bleibt ungehört, denn über uns ist nur das Wellblechdach ohne Zwischendecke.

Die Gemeinschaft wird noch intensiver: Zum Frühstück sind wir, mit unserem Gastgeber und einem weiteren Gast, zu siebt und teilen uns zwei Messer. Auf verschiedene Weise tauchen wir tief ins timoresische Leben ein.

Einer unserer Besuche gilt der Frau von Carlos. Ihr Mann, ein Regierungsbeamter, hat eben seine Stellung aufgegeben, um sich in einer Bibelschule in Indonesien zum vollzeitlichen Dienst zurüsten zu lassen. Sie selbst ist mit ihren 4 kleinen Kindern zurückgeblieben. Kein leichter Weg!

Man könnte fortfahren mit J., F., D. und vielen anderen. Sie alle sind im Schmelztiegel der Schwierigkeiten. Wie werden sie daraus hervorgehen?

Die nächste Station ist Maliana. Hier wirkt seit kurzem Thomas als Gemeindepfarrer. Er hat im vergangenen Jahr – gleich nach Beendigung der Bibelschule – in der Nähe von Dili eine kleine Gemeinde geleitet und eine Jugendgruppe aufgebaut. Sogar ein bescheidenes Pfarrhaus konnte er erstellen. Eben ist er mit seiner jungen Frau aus der ärmlichen Hütte dorthin umgezogen, als er hierher nach Maliana versetzt wird. Das bedeutet nun wieder ganz neu anzufangen. Die Schwierigkeiten in der Gemeinde, im Ältestenkreis wollen ihn fast erdrücken. Dazu hat er Außenbezirke, die Tagereisen weit entfernt sind, auf Wegen, die man sich in Europa kaum vorstellen kann. Thomas braucht Ermutigung. Er sieht nur Dunkel, nur Unmöglichkeiten vor sich. Wird er gestärkt aus den Schwierigkeiten hervorgehen oder zerbrechen?

Einer aus unserer Gruppe wird mit der Sonntagspredigt in Maliana betraut, ein anderer mit einem Dienst im Balinesischen Umsiedlungslager, der dritte in einem weiteren Außenposten. Die Übersetzung in Indonesisch, das überall verstanden wird, fällt mir zu.

Bei der Rückfahrt von einem dieser Dienste bittet ein junger Mann um ein persönliches Gespräch. Es geht nicht nur bis tief in die Nacht hinein, sondern auch tief in seine Vergangenheit und endet mit einem Freudenfest im Himmel.

Der Schock unseres Aufenthalts: Die Synode verbietet uns den anschließend geplanten Besuch der Gemeinde in Lospalos. Warum wohl? Für uns sollte das ein strategischer Punkt in der

Zukunftsplanung werden. (Erst später erfahren wir von den Schwierigkeiten der Synode mit dem dortigen Gemeindepfarrer.)

Und dann sitzen wir wieder am Flugplatz: die deutschen Gäste treten ihre Heimreise an, ich plane, mich bei der ersten Zwischenlandung von der Gruppe zu verabschieden, um noch einmal nach Batu zurückzukehren. Aber warum kommt unser Flugzeug nicht? Die Wartehalle ist gedrängt voll. Ein Mitglied des Bodenpersonals nähert sich den „Ausländern", um seine Englischkenntnisse anzuwenden. Es kommt zu einem tieferen Gespräch, das dann in seiner Muttersprache von mir fortgesetzt werden muss. Das Ergebnis: ein fragender junger Mann findet zum Frieden. Sein strahlendes Gesicht spricht eine eigene Sprache.

Jetzt kommt unsere Maschine an, wir müssen einsteigen. Es folgt eine Zeit des Rückblicks und der Vorausschau bis zur Zwischenlandung, wo wir uns trennen müssen.

Spät in der Nacht komme ich wieder in Batu – im Haus in den Reisfeldern – an. Mein Herz ist voll von all den Erlebnissen.

Warten und Bangen

Es gibt kein Stillstehen. Die Tage sind ausgefüllt mit dem Tippen von Unterrichtsmaterial, das noch vor Ruths Abreise am 2. Oktober 1989 fertiggestellt werden soll. Anni musste das Land bereits im August verlassen. Die Zeit fliegt nur so dahin, und manchmal will uns angst und bange werden. Wird alles rechtzeitig zu schaffen sein? Wie und wo wird es weitergehen, wenn wir Ende des Monats hier ausziehen müssen?

Zu Beginn der vergangenen Woche sah es fast unmöglich aus, Osttimor, mein nächstes Reiseziel, je zu erreichen. Neue Probleme türmten sich auf. Der einzige indonesische Mitarbeiter aus der Missionsgemeinschaft in Batu, der seit acht Jahren in Osttimor ist, sieht keinen Weg mehr für seinen weiteren Dienst und wird demnächst zurückkommen.

Die für mich erforderliche Einladung der Kirchenleitung lässt weiter auf sich warten. Ist meine Anwesenheit, mein Dienst dort überhaupt erwünscht? Wieder einmal geschieht ein Wunder, eingehüllt in Alltäglichkeiten: Ein unerwarteter Gast, der bisher noch gar nicht an der Planung beteiligt war, steht gerade in dieser Woche hilfsbereit vor der Tür.

Die Tür öffnet sich

Endlich habe ich die Zustimmung in Händen, im Oktober zum Sprachstudium für einige Monate nach Osttimor einreisen zu können.

Wenige Tage später, um 1.30 Uhr morgens, feiern Ruth und ich eine Dankminute: Das letzte Manuskript ist fertig geworden; die Auflösung unseres Haushalts kann beginnen. Gemeinsam reisen wir nach Jakarta, wo sich unsere Wege trennen. Ruth reist über Hongkong nach Deutschland, wo Anni sich bereits befindet; ich erweitere meine medizinischen Kenntnisse und Erfahrungen unter der Leitung von Dr. Elisabeth im großen Krankenhaus der Mennoniten in Kudus, Mitteljava.

7. Im Land meiner Berufung

Endlich ist es soweit

Seit dem Ruf Gottes in dieses kleine Land sind mehr als 20 Jahre vergangen. Es ist einfach überwältigend, jetzt in Dili, der Hauptstadt Osttimors, anzukommen. Hier erfolgt die Anmeldung, das Ausstellen der Reisepapiere, Warten auf eine Fahrgelegenheit, und dann geht es per LKW auf Reissäcken sitzend in Richtung Süden nach Same, meinem vorläufigen Reiseziel. Es ist eine nicht enden wollende Kurvenfahrt über Berge und Täler. Der Blick über die Berge – vom Platz auf dem offenen Lastwagen – ist atemberaubend. Bei einer einheimischen Großfamilie werde ich erwartet.

Singet dem Herrn ein neues Lied

„Singet dem Herrn ein neues Lied, Seinen Ruhm nach dem Ende der Erde hin“ (Jesaja 42,10; Übersetzung nach Menge 1936).

Dieses Wort hat für mich seit Langem Verbindung mit Osttimor. Nun bin ich hier, an einem der Enden der Erde angelangt. Es ist jeden Tag neu ein Wunder, für das ich von ganzem Herzen dankbar bin.

Während ich versuche, eine ungeschriebene Sprache zu lernen, buchstabiere ich die erste Strophe dieses „neuen Liedes“ durch. Wie sieht das ganz praktisch aus?

In vieler Hinsicht bin ich in die „erste Klasse“ meiner Kupang-Zeit zurückversetzt: Eingeengt, wohlbehütet, kleiner Lebenskreis, einfache Wohnverhältnisse, jeder interessiert sich für fast alles: Warum ich z.B. einen Brief schreibe, wie viel Geld ich für die Briefmarke ausgebe etc. – bis hin zu den im Voraus abgelösten Briefmarken eingehender Post (worüber ich mich damals in Kupang geärgert habe) wiederholt sich vieles.

Diesmal darf ich ein Danklied im Herzen singen im Vertrauen: der Herr kennt die Lage und wird sie zu seiner Zeit ändern.

Enttäuschung und Frustration, die auch hier manchmal über dem Kopf zusammenschlagen möchten, kann ich in neuer Weise begegnen – aktiv und positiv – manchmal auch mit einem Schuss Humor!

Man hat hier keine Ahnung, was es heißt, eine noch ungeschriebene Sprache zu lernen. „Du musst nur wirklich wollen, dann kannst du die Sprache schon." Man versteht nicht, dass man nicht einfach den Mund öffnet und redet. Versuche ich in der hinter dem Haus liegenden Küche den Frauen zuzuhören, dann schicken sie mich weg: „Geh in dein Zimmer und lerne!" Ich brauche dringend einen Informanten, einen Sprachhelfer für Satzstellung und Grammatik.

Recht überraschend kommt eines Tages auch der zweite Teil des obigen Wortes zum Klingen: Sitze ich doch da mit dem bescheidenen Wörterheft, Notizblock und Schreibstift unterm Baum vor dem Haus, als ein Schuljunge des Weges kommt. Erst hilft er mir mit ein paar sprachlichen Ausdrücken weiter und dann kommt es sehr schnell zu einem tieferen Gespräch (auf Indonesisch): „Wie kann man das empfangen, wovon du sprichst?" lautet seine Frage.

Für ihn ist es Zeit, zur Schule zu gehen, aber er kommt am nächsten Tag zurück. In einem stillen Winkel betrachten wir gemeinsam an der Flanelltafel „Das Herz des Menschen", wie es von Natur ist und wie es rein und neu werden kann durch Jesus. Er versteht und nimmt es an.

Wird er nach dem ersten Schritt auch den zweiten und dritten tun, in göttlicher Kraft sein Leben verleugnen (man ist hier ungeheuer emotional, schnell aufbrausend, das Leben des anderen nicht achtend) und zu einer Säule werden? In einem weiteren Gespräch kann ich ihm das erklären und er sagt ein bewusstes „Ja".

Außer einem ganz dünnen Wörterheft gibt es nichts Geschriebenes in der Sprache, die ich lerne. Sie hat viele lokale Abweichungen, wird sehr schnell und mit Abkürzungen gesprochen.

Ich bin dankbar für alles, was ich aus dem „Kauderwelsch" schon verstehen kann und was in meinem Gehirn haften bleibt. Für biblische Begriffe wie Errettung, Gnade, Erlösung etc. gibt es keine Worte.

Ein erster Dienst

Am Sonntag nach der Kirche erklärt mir der Pfarrer: „Morgen ist Hauskreis in T. Bereite dich vor und bring Anschauungsmaterial mit. Wir gehen zusammen dorthin mit dem Motorrad."

Am Morgen regnet es in Strömen.

„Ihr könnt nicht gehen", sagen meine Freunde.

„Ich bete, dass bis 13 Uhr der Regen aufhört".

„Ja, aber der Fluss ist zu tief, ihr könnt ihn nicht überqueren."

In der Tat: ein tropischer Regenschauer löst den anderen ab.

Aber – oh Wunder –pünktlich um 13 Uhr braust der Pfarrer mit seinem Motorrad an. Bei leichtem Nieselregen geht's los. Erst Asphaltsträßchen, später Feldweg. Eine wunderschöne Landschaft breitet sich vor uns aus: ein weites grünes Tal, von Bergen umsäumt.

Plötzlich kommt ein steiler Abfall hinunter ins eigentliche Flusstal: ein gewundener, aufgeweichter Weg, den ich zu Fuß machen muss. Am Fluss selbst wartet einer unserer Freunde, um mir notfalls „nach drüben" zu helfen. Klares Wasser, aber starke Strömung. Auf der anderen Seite zeigt sich wieder ein eindrucksvolles Bild: Weites Land mit viel blühendem Sumpfgras. Viele Rundhütten, noch ohne Seitenwände, weil das Dorf eben erst nach hier umsiedelt. Ein malerisches Foto-Objekt! Vor dem Dorf befindet sich ein Basislager des Militärs. Die Haupttruppe ist in den Bergen. 20 Leute, Männer und Frauen des Dorfes, sind schon versammelt. Wie gut, dass wir sie nicht enttäuscht haben.

Es ist gut, immer auf Überraschungen vorbereitet zu sein. „Du erklärst deine Bilder und ich bringe nachher ein Wort Gottes", sagt der Pfarrer. Uuuh, was stellt er sich denn vor? Mein Anschauungsmaterial kreist auch um einen biblischen Text. Schnell erhalte ich eine gute Idee und sage: „Bringe doch du das Wort Gottes zuerst und ich fülle nachher den Rest der Zeit".

Angesichts der Auslegung von Titus 2,1–10 und der strengen Forderung eines heiligen Lebens sehe ich die verzweifelten und verständnislosen Gesichter der Zuhörer. So mache ich an meinem Text keinen Abstrich. Mit großer Freude kleide ich die Botschaft in das Zeugnis meines eigenen Lebens, wie der verzweifelte Versuch eines gottgefälligen Lebens in noch größerer Verzweiflung endete, bis ich das Klopfen an meiner Herzenstür nicht mehr aushalten konnte, öffnete und herausgab, was drinnen war.

In ein durch das Blut Jesu gereinigtes Herz, in das Jesus und der Heilige Geist selbst eingeladen werden, kommt die Kraft zu einem neuen Leben, das Sünde und Teufel widersteht. Mit den Flanellbildern „Das Herz des Menschen" – diesmal mit Tieren, nicht mit Worten, weil die meisten Zuhörer nicht lesen können – kann man das sehr anschaulich darstellen.

Ob die, die begriffen haben, das Gebet und die Bitte um Vergebung, Reinigung, Einkehr des Heiligen Geistes im Herzen mitgebetet haben? – Die beiden anwesenden Soldaten aus dem nahen Basislager sind sehr aufgewühlt. Sie langweilen sich, ich verspreche ihnen Lesematerial – eine ungeahnte Möglichkeit.

Da ich die Übersetzung des Pfarrers schon soweit verstehen kann, merke ich, dass immer wieder in ihr altes Konzept übersetzt wird: „Ihr müsst gut sein, gute Werke tun, dann könnt ihr zu Jesus kommen". Ein paar Mal muss ich ihn deshalb unterbrechen.

Auf dem Rückweg ist das Wasser des Flusses trüb, man kann die Steine nicht mehr sehen, und wir merken erst mitten drin, dass er tiefer und reißender geworden ist. Eine Woche zuvor ist eine Frau bei der Überquerung mitgerissen worden.

Der Pfarrer kämpft mit seinem Motorrad. Mir macht die starke Strömung zu schaffen, die mich von der Richtung abbringen will. Aber der unsichtbare Helfer ist ganz nahe an unserer Seite.

Ein weiterer tropischer Regenschauer zwingt uns, vorübergehend Schutz zu suchen. Es ist dunkel, als wir weiterfahren. „Das Motorrad hat kein Licht", sagt der Pfarrer unterwegs. Als der Weg recht steil nach unten führt, kommt die nächste Botschaft: „Das Motorrad hat keine funktionierende Bremse!" Das klingt nicht sehr ermutigend. Trotzdem: Wir kommen heil nach Hause. Danke, himmlischer Vater.

Moderne Hygiene?

Ein Blick in die „moderne Hygiene" unseres Hauses lohnt sich. Es gibt hier allerlei Haustiere. Hunde und Katzen – die ihr Futter zum Teil selbst suchen müssen – freuen sich über jeden Essteller, den sie verstohlen auslecken dürfen und der dann – kalt gespült – wieder von uns benützt wird.

Wenn die Sonne untergegangen ist, wärmen sich die Hunde hinter dem offenen Holzfeuer in der Küche. Groß ist ihr Glück, wenn sie in einem unbewachten Augenblick schnell das Öl aus der Pfanne schlabbern oder den Kochtopf auslecken können!

Ich selbst habe noch ein paar private „Zimmertiere": Dicke pelzige Raupen, die vom Wellblechdach – bei fehlender Zwischendecke – fallen, dazu vielerlei Käfer und Insekten. Da die Zimmertür nur aus einem Stück Stoff besteht, besuchen mich auch andere Vierbeiner.

Wen wundert's, dass ich um gute Gesundheit bete – und um Lösung der Wohnungsfrage.

Fast jeden Abend, kurz vor dem Dunkelwerden, sitze ich draußen an einer stillen Ecke und rufe den mächtigsten aller Namen über diesem Land aus. – In der Familie meiner Gastgeber kam es noch nicht zu einer Hausandacht. Sie gehören zu den allerersten Christen des Landes. Aber – es sind noch ganze Bollwerke zu überwinden.

Sprachstudium in Maliana

„Er hat dein Wandern auf sein Herz genommen." (5. Mose 2,7) Welche Ermutigung!

Im Zuge des Sprachstudiums darf ich noch ein paar Wochen in Maliana, nahe der Grenze zu Westtimor, verbringen. Auch diese Zeit ist erfüllt mit vielen neuen Erlebnissen und Erfahrungen. Sie helfen mir, der Situation im Land noch realer ins Auge zu sehen und doch ein bewusstes Ja zu meinem Hiersein zu finden. Möge das Hineinsterben in die Situation reiche Frucht bringen.

Dann mache ich mich wieder auf den Weg zurück in die Hauptstadt. Das allererste Morgengrauen findet uns Reisewillige schon mit „Sack und Pack", Ziegen und Hühnern am Bushalteplatz. Überraschend ist ein unbekanntes Fahrer-Beifahrer Team, das Fehlen des üblichen Auftankens, da und dort noch Klopfen, Schrauben und Reparieren. – Im Nu sind wir am Stadtausgang, aber nur, um recht zielbewusst wieder zum Umschlagplatz unter den großen Schattenbäumen zurückzukehren. Langsam flüstert sich durch, dass der Bus heute gar nicht fährt. War alles bisherige nur ein bewusstes Täuschungsmanöver? Dabei war in meinem Herzen kein Zweifel gewesen, dass heute der rechte Tag zur Rückfahrt sei. War ich nicht sensibel genug?

Während solche Gedanken durch Kopf und Herz gehen, wird auf der anderen Straßenseite lauthals mein Reiseziel ausgerufen. Ein LKW sucht noch „Ladung". Vorn neben dem Fahrer ist alles voll. So beschwingt wie möglich besteige ich die Ladefläche und freue mich schon während der ersten paar Kilometer über die herrliche Aussicht. Nur meine Füße … nichts in der Umgebung lässt sich auch nur einen Zollbreit verrücken. – „Herr, du weißt, so kann ich nicht 5 bis 6 Stunden aushalten." Obwohl sich nichts rührt, haben doch plötzlich beide Füße Platz zum Stehen. Danke, danke!

Das nächste Wunder steht schon vor der Tür: Bei der ersten Straßenkontrolle darf ich umsteigen und meine Wenigkeit zwischen den Fahrer und die zwei anderen Männer quetschen. „Du hast da auch noch Platz," heißt es freundlich.

Heil und vor dem zur Zeit allabendlichen großen Regenschauer erreichen wir unser Ziel, die Hauptstadt Dili.

Damit geht meine Zeit in Same und auch die anschließende vierwöchige Reisezeit zu Ende. Das Hauptziel dieser Reisezeit war Familie T. in Maliana, wo ich letztes Jahr mit den Freunden aus Deutschland ein Wochenende verbrachte.

Allein über den Transport während dieser Reisewochen, mit Flussüberquerungen – per Bus, per Boot und zu Fuß –, Reifenwechsel, Motorpanne, mehrmals im Schlamm stecken bleiben, aber auch die malerischen Landschaftsbilder etc. ließe sich ein farbenfroher Bericht schreiben. Viel geduldiges Warten, Übernachten auf der Polizeistation (mit einem noch nicht „stubenreinen" Kind im gleichen Bett), weil es an Weitertransport fehlte – alles war mit eingeschlossen.

Der Dank für alle Bewahrung, alle Begegnungen, alle Kraft und Hoffnung, die auch über Enttäuschungen hinweghalf, gäbe eine lange Liste.

Sprachlich hatte ich mir mehr Fortschritt erhofft. Und doch konnte ich biblische Geschichten erzählen und einfache geistliche Wahrheiten weitergeben an einige wenige des Lesens und Schreibens unkundige Zuhörer. Es wurde gesät in Schwachheit; möge der Heilige Geist ein Auferwecken in Kraft schenken.

Unerwarteter Besuch

In Dili angekommen, schlägt eines Abends wie eine Bombe die Nachricht ein: Ruth und Anni kommen morgen hier an. Sie wollten noch einmal einige Wochen in Junggo verbringen, um die letzten Bücher des Sonntagsschulmaterials für den Druck vorzubereiten. Aber das Haus, in das sie ziehen sollten, war noch nicht ganz fertiggestellt. So hatten sie beschlossen, einen kurzen Besuch in Osttimor zu machen. Wenn auch mit einem Tag Verspätung gibt es ein frohes Wiedersehen, eine Menge zu erzählen und eine gemeinsame Reise nach Same zu unternehmen. Das „dynamische Trio“ ist wieder vereint. Es geht darum, die Lage zusammen zu erleben, zu erwägen und darüber zu beten:

der Gastgeber und seine Familie in Same – wo ich eines Tages sesshaft werden soll

die Gemeinde

das ganze unwegsame Bergland mit seinen zerstreuten Bewohnern

die geistliche Dunkelheit

die Zukunftsplanung.

Die Fußmärsche unter tropischer Sonne bewirken mehr als drei Monate Deutschland für Ruth und Anni – sie sehen am Ende frisch und braungebrannt aus, eine helle Freude. Dass anschließend in der Hauptstadt dann noch ein zweitägiger Kurzkurs für Sonntagschullehrer zustande kommen kann, ist eines der Wunder dieses Besuches.

Es ist ein Segen, gemeinsam auch in Tiefen geistlicher Not und Verwirrung sehen zu können, in Situationen, die man nie in Worte fassen und anderen mitteilen könnte.

Wieder in Batu

Gemeinsam fliegen wir dann zurück nach Batu, um weitere Schritte zu erwägen und zu planen. Zudem muss auch mein Jahresvisum erneuert werden. Arbeits- und ereignisreiche Wochen in Java folgen, die einerseits Geduld und Durchhaltevermögen bis aufs Äußerste anspannen, andererseits aber auch reich sind an Wundern, die sich in Alltäglichkeiten hüllen:

- Bekanntwerden mit einem Mann und dann auch seiner ganzen Familie – das Ehepaar wohnt in Dili, die Kinder gehen in Jawa/Malang zur Schule. So pendeln die Eltern, vor allem der Vater, von dort nach hier. Er – Herr T. – kennt viele einflussreiche Leute in Dili, kennt die Situation recht gut und bietet seine Hilfe an. Wir treffen uns mehrfach, um über Fragen meines Einsatzes in Osttimor zu sprechen und zu beten. Dank dieser Vermittlung erhalte ich eines Tages die offizielle Einladung.

- Mehr noch: Mit seiner ganzen Familie entsteht eine echte Freundschaft, dort finde ich später immer ein offenes Haus, wenn ich dienstlich in Dili bin.
- Die Möglichkeit, meine medizinischen Kenntnisse im Krankenhaus der Amerikanischen Baptisten in Kediri aufzufrischen und zu erweitern (Labor und Entbindungsabteilung).
- Noch einmal einige Wochen im großen Krankenhaus der Mennoniten in Kudus unter der „Obhut" von Dr. Elisabeth und zwei deutschen Krankenschwestern der Christusträger-Kommunität zu verbringen und dabei viel zu lernen.
- In diesem Krankenhaus zwei indonesischen Krankenschwestern zu begegnen, die sich bereit erklären, eines Tages in Osttimor mitzuarbeiten.
- In vielseitiger Weise einer Gruppe von Osttimoresen behilflich zu sein, die durch unsere Vermittlung auf dem Weg zur theologischen Schule in Sumatra und Kalimantan sind.

Die Liste ließe sich noch weiter fortsetzen. Trotz all dieser Aufgaben und Anforderungen ist es auch schmerzlich, dass sich die Zeit – mit Warten auf die Visa-Verlängerung etc. – so sehr in die Länge zieht. Aus Wochen werden Monate ... Ruth und Anni sind schon längst in Hongkong.

Doch auch für mich kommt endlich der Tag, an dem ich wieder nach Osttimor zurückkehren kann. Mir erscheint es wie ein Traum, wenn ich auf die letzten Wochen zurückblicke. Es gab tiefe Täler, die allen Mut rauben wollten. Auf einen Schritt vorwärts in der Planung folgten meist zwei Schritte zurück.

Von Same nach Lospalos

Der erste Besuch gilt wieder Same. Nach anfänglich positiven Zeichen für den Beginn einer Arbeit dort treten unerwartet Schwierigkeiten auf. Die Lage muss neu geprüft werden.

Die Straße ins Hinterland von Viqueque ist wegen der Regenzeit im Moment nicht passierbar. Deshalb muss die Erkundungsreise nach dort vorerst zurückgestellt werden.

Lospalos – wohin der Pfarrer, der mich eingeladen hatte, inzwischen versetzt wurde – scheint mir schon wegen der ganz anderen Stammessprachen (Fataluku, Makasai u.a.) wenig anziehend. Trotzdem bin ich bereit, der Frage, zunächst dort anzufangen, ins Auge zu sehen. Die Fahrt nach Lospalos ist ein Erlebnis! Zur Linken das Meer, zur Rechten die Berge. Weithin trockener, unfruchtbarer Küstenstreifen. Schaf- und Ziegenherden suchen etwas Fressbares. Weiter im Inland, in den Flusstälern, werden die Reisfelder unter Wasser gesetzt und zum Pflanzen vorbereitet. Dazu werden ganze Büffelherden so lange im Kreis getrieben, bis der Schlamm eine homogene Masse ist.

Die Bedürfnisse der Bevölkerung, die Krankheiten – vor allem der Kinder – sind auch in Lospalos die gleichen. Ein Stück Notizpapier hilft, sich schnell zu erinnern, dass „dadar san hemu ida" hier „nau nope uka ne" (abends eine Tablette) heißt. Husten ist hier nicht „mear" sondern „ihi ne" etc. etc.

Irgendwie ist es ein Hineinsterben in die Situation, ein Willigwerden zu dem Entschluss: „Wo immer du mich haben willst, Herr, dahin will ich gehen."

Neben Kirche und Pfarrhaus, wo ich zu Gast bin, steht eine einfache Baracke. Sie ist das Wohnheim für elf Jungen im Alter von 15–22 Jahren. Sie gehen hier zur Schule, verpflegen sich selbst. Bei meinem ersten kurzen Besuch sitzen sie recht schweigsam, ja verschlossen in der Runde. Abends erkläre ich ihnen anhand von Flanellbildern, wie man vom Reich der Finsternis ins Reich des Lichts überwechseln kann, wie unser Herz von Sünde gereinigt und mit Jesus, mit seinem Geist erfüllt werden kann. Nach dem Schlussgebet plane ich, mich noch eine Weile draußen im Hof aufzuhalten, falls einer der Jungen persönlich sprechen oder beten möchte. Der erste folgt mir gleich auf dem Fuß. Und dann kommen nacheinander zehn der elf Jungen, um ihr Leben in Ordnung zu bringen. Die, die lange warten müssen, reißen ein Blatt aus ihrem Schulheft und listen die Dinge, die sie zur Sprache und in Ordnung bringen möchten, bereits auf. Ob die Engel im Himmel wohl ein Fest feiern?

Menschlich gesehen ist es nicht zu erklären, aber mit diesem Abend ist der ganze gesundheitliche Spuk mit Nebenhöhlen-Entzündung und bohrenden Kopfschmerzen wie weggefegt.

Am nächsten Tag heißt es Abschied nehmen von diesen „rauen Burschen“. Werden sie standhalten und vorwärtsgehen?

Noch einmal nach Same

Die nächste Reise geht nun wieder zurück nach Same. Sollte es dort eine Verzögerung geben, bin ich bereit, die ersten ca. sechs Monate in Lospalos zu verbringen.

Ich möchte am Platz immer voll verfügbar sein und offen für alle Anliegen. Deshalb muss ich das Gestern ganz in die Hände des Himmlischen Vaters zurückgeben. Das ist gut so, denn schon morgens früh, vor der größten Sonnenglut, kommen Patienten zum Haus meiner Gastgeber in Same: Vater, Mutter und das jüngste ihrer neun Kinder. Die Frau klagt über zwei harte Knoten am Oberarm. Hinter ihrem matten, traurigen Gesicht scheint mir noch etwas anderes verborgen zu sein. Ja, sie hat Atembeschwerden. Mit großer Wahrscheinlichkeit ist im Brustraum der Primär-Tumor. Das Kind hat alle Anzeichen von Anämie und Eiweißmangel. Der Vater hört fast nichts, weil beide Trommelfelle perforiert sind.

Menschlich gesehen stehe ich ziemlich hilflos da. Vitamintabletten fürs Kleinkind, das – recht verspätet – noch nicht einmal gehen kann. Beratung für eiweißreiche Kost, Antibiotika-Tabletten für die zusätzliche Ohr-Infektion des Vaters…

Im Gebet befehle ich sie in die allmächtigen Hände des himmlischen Vaters. Er kann! Seine rechte Hand kann alles ändern. Zögernd machen sie sich auf den Rückweg. Im Grunde ist es schon viel zu heiß für die müde Frau.

Klein Markus, ein anderer Patient, ist 7 Monate alt. Weil alle Jungen in dieser Familie sterben, wurde er an die Großeltern „verkauft". Dort wird er mit Süßkartoffeln und in Wasser gekochtem Reis ernährt. Kein Wunder, dass er mit großer Treue unter den kleinen Patienten ist, wenn ich jenes Dorf besuche. Zum Trost – aber auch immer wieder mit neuer Enttäuschung – nuckelt er an Omas verwelkter Brust (sie ist trocken wie die Sahara!).

Der Versuch, eine Amme für Klein-Markus zu gewinnen, scheitert an der Ablehnung der Eltern, die ich leider nie zu Gesicht bekomme. Markus erhält das Beste, was mein Medizinköfferchen zu bieten hat. Wird er durchkommen? Beim ersten Gebet für ihn bäumt sich der ganze kleine Körper auf, und Markus schreit recht ungebührlich. Mit dem „Amen" ist er augenblicklich still und ruhig. Liegt ein Fluch auf der Familie?

Nur im Vertrauen auf die Allmacht und Güte des himmlischen Vaters ist Hoffnung. Zu ihm bringe ich immer wieder meine großen und kleinen Schützlinge.

Besuch aus Deutschland

Eine aufregende Nachricht erreicht mich: Die Hauswirtschafterin und Hausmutter der deutschen WEC-Zentrale will auf der Rückreise von Japan hier bei mir in Osttimor vorbeikommen. Das ist wirklich ein guter Plan! So kann sie mit eigenen Augen sehen und erleben, was sich hier tut oder eben auch nicht tut, und frischen Bericht „nach Hause", d.h. in die WEC-Zentrale bringen.

Den „Einstand“ unserer gemeinsamen Zeit feiern wir am weißen Sandstrand in Dili. Das Salzwasser tut meiner Infektion am Bein einen guten Dienst. Jeder von uns sitzt im noch seichten Wasser auf einem großen Stein, mein Fuß baumelt im Wasser, und das Erzählen von beiden Seiten nimmt kein Ende.

Dann machen wir uns auf den Weg. Da ich noch immer keinen festen Standort in Osttimor habe, können wir zusammen reisen und die verschiedenen Orte besuchen. Wir beginnen in Lospalos. Kaum dort angekommen – wir wohnen im Pfarrhaus –, sucht ein in der Nähe wohnender Evangelist Hilfe. Sein jüngstes Kind, noch ein Baby, hat eine schwere Lungenentzündung. Gemeinsam suchen wir seine Familie auf. Rein menschlich gesehen ist kaum Hoffnung. Aber der himmlische Vater hört unser Rufen und segnet unsere Behandlung. Dem kleinen Schatz geht es schnell besser. Das macht uns sehr froh!

Dann kommt die Bitte um einen evangelistischen Dienst in einer der Diaspora-Gemeinden. Es ist ein weiter Fußweg zu bewältigen. „Vater, du weißt, wieviel mein schmerzendes Bein ertragen kann“. Wir haben noch nicht den ersten Kilometer zurückgelegt, da hält das einzige Fahrzeug, das in unserer Richtung unterwegs ist, und nimmt uns mit!

Obwohl es ein Wochentag ist, ist die Kirche gut besetzt. Die Zuhörer sind sehr aufmerksam für das, was ihnen in Wort und Bild vor Augen geführt wird. Zehn von ihnen – Jugendliche und auch solche in fortgeschrittenem Alter – öffnen ihr Herz für Jesus. Einige bringen ihre Fetische zum Verbrennen. Nicht nur in ihren, auch in meinem Herzen ist große Freude. Dass nicht nur die junge, sondern auch die ältere Generation erreichbar ist und sich aufrufen lässt, ist für mich das große Wunder.

Es ist schon Abend, als wir zum Rückweg aufbrechen. Und auch jetzt sind wir noch gar nicht weit gegangen, als ein Auto uns zum Mitfahren einlädt.

Auf der Rückreise nach Dili – mit einem öffentlichen Bus – lege ich mein schmerzendes Bein auf einen Sack voller Kürbisse.

Von Dili geht es wieder nach Same. Die mindestens fünfstündige Kurvenfahrt über Berge, die zum Teil über der Baumgrenze liegen, und dann wieder durch Täler, ist ein Erlebnis, das keine von uns vergessen wird.

In Same selbst und den benachbarten kleinen Dörfern sind es die vielen kranken und unterernährten Kinder, denen unsere medizinische Hilfe und unser Gebet gilt. Am liebsten würden wir sie behalten und aufpäppeln. Wenn wir nur erst einen Platz, eine Bleibe hätten!

Auf dem Rückweg nach Dili erleben wir das gleiche „Transport-Wunder". Einen öffentlichen Verkehr gibt es noch nicht.

Wieder in Junggo

Für meinen Gast aus der deutschen Missionszentrale geht die Reise weiter nach Java und Sumatra. Bis Java kann ich sie begleiten, denn es ist immer noch nicht klar, wo mein Bleiben und mein Dienst dauerhaft sein werden.

Anni und Ruth, die noch einmal für einige Wochen in Junggo sind, warten schon auf meine Mithilfe beim Tippen weiterer Sonntagschul-Lektionen. Nebenbei möchte ich auch meine Infektion am Bein auskurieren. Der konsultierte Arzt im Krankenhaus in Kediri hält nichts von „nebenbei". „Gleich dableiben!" ist seine Entscheidung. – Eine Woche auf Station mit intensiver Antibiotika- und Infusionsbehandlung bringt gute Fortschritte. Die vollständige Heilung zieht sich noch einige Wochen hin.

Wieder sitze ich am Computer und tippe fleißig. Aber mein Herz und meine Gedanken sind in Osttimor. Wie mag es all den Freunden und Patienten ergehen? Machen die Vorbereitungen und das Einholen der erforderlichen Genehmigungen, der Platz zum Wohnen und Arbeiten Fortschritte? Die Nachrichten sind manchmal recht enttäuschend.

Aber: Nicht selten benutzt unser himmlischer Vater gerade das, was wir gerne „wegbeten" möchten, für seine Zwecke. So ging es auch diesmal. Ich hatte in Osttimor um ein Motorrad gebetet, um mir die langen Fußwege in tropischer Hitze zu ersparen. Ich stand in Dili schon im Laden, um eines zu kaufen. Aber in meinem Herzen war plötzlich kein Friede mehr. Deshalb verließ ich das Geschäft unverrichteter Dinge. Eine Erklärung dafür hatte ich nicht.

Die Überraschung

Eines Tages löst sich das Rätsel. Aus dem Motorrad wird ein Auto. Das Werkzeug in Gottes Hand ist diesmal Dieter, ein Ingenieur aus der Schweiz, der an einer technischen Schule in Java Lehrer ausbildet. Dieter ist Christ und will sich mit den Gaben, die Gott ihm gegeben hat, einsetzen. So werde ich die glückliche Empfängerin eines „Taft"-Diesels mit Vierradantrieb, stark und wendig: eine helle Freude! Das Auto sieht fast neu aus, ist bestens instandgesetzt und mit Ersatzteilen, Werkzeug, Reserverädern und einem Dachständer versehen. Danke! Danke! Mit diesem „guten Stück" warten wir nun auf ein Frachtschiff nach Osttimor.

Wir? Ja, diesmal reise ich nicht allein zurück nach Osttimor. Tyok aus dem Krankenhaus der Mennoniten-Kirche in Kudus/Mitteljava reist mit mir. Sie weiß sich zur Mitarbeit in Lospalos gerufen. Das wurde klar, als ich im letzten Jahr in Kudus lernen durfte.

Ruth und Anni sind inzwischen schon auf ihrer nächsten Etappe, während wir sehnsüchtig auf das Frachtschiff warten. Es ist schon mehr als eine Woche überfällig. Endlich ist es soweit.

Wir sind die einzigen Passagiere. Ein Mitglied der Besatzung stellt uns seine Kabine zur Verfügung. Er ist Christ, und jedes Mal, wenn wir zum Essen gehen, kommt er, um beim Gebet mit dabei zu sein.

Wir reisen bei strahlendem Himmel und tiefblauem Meer, erfreuen uns tagsüber am Spiel der Delphine, die unser Schiff begleiten, genießen zauberhafte Sonnenuntergänge, die uns auf dem Deck halten, bis jeder Glanz verblasst ist und uns die Sterne den Blick nach oben richten lassen. Es ist eine erholsame Zeit. Tyok sehnt sich allerdings von Tag zu Tag mehr nach festem Grund unter den Füßen. Das Schiff ist relativ klein und schaukelt gewaltig in den Wellen. Nach fünf Tagen und sechs Nächten ist es dann soweit: wir legen in Dili an. Wenige Tage später ist auch unser Auto entladen und wir können es in Empfang nehmen.

Nun sind wir flexibel geworden – und sind zu zweit! Was für ein Fortschritt, was für ein Segen. Gemeinsam fahren wir nach Same, um meine wenigen Habseligkeiten abzuholen – denn diesmal soll es endgültig nach Lospalos gehen, dort werden wir erwartet! Ich sitze am Steuer unseres neuen Autos. Einmal sehen wir einen Lastwagen, der auf der gleichen sehr schmalen und kurvenreichen Strecke in die Tiefe stürzte! Ja, wir brauchen ganz besonderen Schutz und Bewahrung.

Unsere Freunde sagen, bisher hätte sich noch keine Frau per Auto auf diesen Weg gewagt. Aber Gott hält seine Hand über uns, so dass wir wohlbehütet in Lospalos eintreffen!

8. Beginn in Lospalos

Gelandet

Heute gibt es Grund zum Danken. Wir sind in Lospalos, dem östlichsten Zipfel der Insel, gelandet. Seit dem 12. August wohnen wir in unserem kleinen Domizil, das aus Spanplatten – barackenähnlich – in Anlehnung an das Jungen-Wohnheim errichtet worden ist. Aber gleich von Anfang an platzt es aus den Nähten. Es ist gut, dass fast jeder Raum eine Außentür hat. So leben wir jetzt in der Trockenzeit zu einem gewissen Teil draußen. Drinnen sind noch Wände zu streichen, unsere bescheidenen, in Java gekauften und verschifften Möbel zusammenzubauen, Medizinschränke einzuräumen und vieles mehr.

Aber schon vorher – ohne jegliche Bekanntmachung – kommen die Patienten, sodass wir unseren Dienst auf der Terrasse des Pfarrhauses beginnen. Alle Medizin ist noch in Kartons unter unserem gemeinsamen Bett im Pfarrhaus verstaut. Es ist äußerst mühsam, das jeweils Gesuchte herauszufischen. Wie üblich ist es meist in einem der hintersten Kartons.

Die offizielle Einweihung unserer kleinen ambulanten Poliklinik lässt noch auf sich warten – weil es einfach unmöglich ist, die zuständigen Herren alle gleichzeitig in unserer abgelegenen Ecke zusammenzubringen. Trotzdem kommen Leute von nah und fern, um Hilfe für Leib und Seele zu suchen.

Wir sind noch mitten drin im Ankommen und Einleben, da meldet sich auch schon Besuch aus Deutschland. Meine Schwester Frieda mit Lissy und Andrea, zwei jungen Mädchen, die ihren Urlaub zu einem Einsatz in der Dritten Welt benutzen wollen. Zehn Tage lang helfen sie uns hier in Lospalos bei allen anfallenden Arbeiten.

Dann geht's auf Tournee. Die Kirchenleitung hat uns ein Programm zusammengestellt, um Jugendgruppen in verschiedenen Teilen unseres Landes zu treffen. Gott schickt uns dazu noch Jeanett aus Australien zur Verstärkung!

Das Auto ist ein unbeschreiblicher Segen. Auf steilen, kurvenreichen und abschüssigen Wegen erleben wir Gottes Bewahrung. Er hat seinen Engeln befohlen uns zu behüten! Der Heilige Geist berührt Herzen, die Engel im Himmel freuen sich immer wieder aufs Neue, wenn junge und nicht mehr ganz junge Menschen ihr Leben in Ordnung bringen und Jesus in ihr Herz aufnehmen.

Tyok hält in dieser Zeit treu die Stellung in Lospalos.

In Esther und Tina, zwei jungen Mädchen, die vor kurzem die Schule abgeschlossen haben und die wir bei unserem kurzen früheren Besuch in Lospalos flüchtig kennenlernten, finden Tyok und ich je eine Übersetzerin. Aber wir fangen auch an, uns Wörter und Sätze einzuprägen.

Eine große Freude sind die Dienste, die uns nachmittags oder am Sonntag im Auftrag der Kirche, auf deren Grund sich unsere Klinik befindet, in die Dörfer bringen. Anschließend kommt es nicht selten vor, dass Leute zur Klinik kommen, um in einem persönlichen Gespräch Gottes Anklopfen an ihrer Herzenstür zu beantworten. Viele von ihnen sind Analphabeten. Und niemand kann ihnen vorlesen, weil es nichts Geschriebenes in ihrer Sprache gibt. Aber der Heilige Geist kann sie täglich an Gehörtes erinnern und ihr Leben verwandeln.

Mit Dank beobachten wir auch eine größere Aufgeschlossenheit der Jungen, die unsere allernächsten Nachbarn sind.

Frauenstunde

Am Sonntagmittag und Montag früh kann ich ein heimliches Drängen nicht loswerden, über „dienen" nachzulesen. In der Stillen Zeit am Montagmorgen entstehen ein paar kurze Notizen darüber. Später, mitten im geschäftigen Ambulanzbetrieb, kommt unsere Pfarrerin, mit der sich eine gute Zusammenarbeit entwickelt hat, mit dem Auftrag, mittags die Frauenstunde zu halten, weil plötzlich ihre Stimme versagte. – Alles Sträuben hilft nichts, auch nicht das Gebet um die Rückkehr ihrer Stimme.

Wir haben an diesem Tag mehr Patienten als sonst, sind erst am frühen Nachmittag fertig. Bei einem schnellen Imbiss bleibt nur wenig Zeit, Tyok und Susi – die zweite junge Krankenschwester, die vor kurzem aus Kudus angekommen ist – in meine Gedanken einzubeziehen und die Rollen zu verteilen. Eine asiatische kalte Dusche, umziehen und los geht's.

Heute treffen sich die Frauen der ganzen Gemeinde – sonst sind sie in zwei Sektoren aufgeteilt.

„Wir sind errettet um zu dienen, zu dienen dem lebendigen Gott."

Aber was heißt eigentlich dienen?

Was tut zum Beispiel ein Diener im Restaurant?

Er setzt seine Zeit, seine Fähigkeiten, seine ganze Aufmerksamkeit ein, um den Bedürfnissen seiner Kunden gerecht zu werden.

Also heißt dienen: ein Ohr zu haben für andere, unsere Hände und Füße für andere „ausleihen".

„Tyok, was bedeutet dienen für dich als Hausfrau?"

„Waschen, bügeln, Essen zubereiten etc. etc."

„Aber nimmt Gott die Ausführung unserer ganz alltäglichen Pflichten und Arbeiten als Dienst für IHN an? – Was meinst Du, Susi?"

„Im Brief an die Gemeinde in Kolossä, Kapitel 3,23 sagt Paulus: ‚Alles was ihr tut … das tut von Herzen als dem Herrn und nicht den Menschen.' Und Jesus selbst sagt: ‚Was ihr getan habt einem unter diesen meinen geringsten Brüdern, das habt ihr mir getan – oder mir nicht getan.' (Matthäus 25, 34 ff.)

Wir können Jesus dienen vom Morgen bis zum Abend, mit allem, was wir tun. – Wir sollen aber auch einander dienen. Jeder hat Gaben dazu empfangen, zur Förderung, zur Auferbauung. (1.Petrus 4,10)

Wie sollen wir dienen? Mit Freuden! (Psalm 100,2)

Das Wort in 5. Mose 28,47 hat mich einmal ganz tief getroffen: „Weil du Gott nicht mit Freuden gedient hast …“ Unser Herr möchte freudige Diener und Dienerinnen haben.

Das sind nur ein paar kurze Gedanken, die uns an diesem Tag zur Weitergabe geschenkt werden. Eine der Zuhörerinnen sagt nachher: „Diese Stunde werde ich mein ganzes Leben lang nicht vergessen.“

Wasser fließt immer an die tiefste Stelle

In Dili, der Hauptstadt, gibt es immer wieder Dinge zu erledigen: Behördengänge, Medizin-Einkauf etc. Dabei kann ich öfters auch Freunde und Bekannte treffen und neue gewinnen. Das ist bereichernd. Aber – es gibt da auch Gelegenheit, Lasten zu teilen.

Gedankenverloren zuckele ich frühmorgens mit meinem Auto zurück in Richtung Osten. Der Weg von Dili nach Lospalos führt streckenweise am Meer entlang: Malerische Küstenstreifen zur Linken, eine nicht weniger imposante Bergwelt zur Rechten. Ob in der Trockenzeit, wenn alles braun, dürr und tot erscheint, ob jetzt, wo die Natur zu grünen beginnt und die Schaf-, Ziegen- und Büffelherden nicht vergebens das Gelände nach Futter absuchen: immer hat das Land seinen ganz besonderen Reiz. Das Herz wird zum Lob des Schöpfers gestimmt.

Trotzdem ist mein Gemüt heute bedrückt. Ein persönliches Gespräch am Abend zuvor hat wieder einmal mehr die abgrundtiefe Bosheit und Verführungskunst des altbösen Feindes gezeigt. Es hat mich zutiefst erschüttert. Ich fühle mich nach Leib, Seele und Geist zerschlagen. Wie kann ich in dieser Verfassung zurückkommen und den Anforderungen des Tages ins Auge sehen?

„Herr, ich brauche deinen Trost, jetzt und hier unterwegs…“

„Wasser fließt immer an die tiefste Stelle, und Wasser ist eines der Symbole für den Heiligen Geist. Öffne IHM deinen Schmerz,“ höre ich ganz leise in meinem Herzen.

Danke Herr, danke!

Langsam löst sich die Erstarrung. Ich kann die Schönheit der Landschaft wieder genießen und mich den beiden Mitfahrern zuwenden.

Nach langer Fahrt gibt es schließlich ein frohes Nachhausekommen in Lospalos.

Bauliche Erweiterung

Die Buschtrommel funktioniert – die Zahl der Patienten steigt stetig. Und auch unser Team erweitert sich. Tyok, Susi und ich wohnen auf engstem Raum hinter den Behandlungsräumen. Als Kochgelegenheit haben wir zwei Kerosin-Herde in einem winzigen Vorraum am Boden stehen. Tina und Esther, die bereits verheiratet ist, sowie Tina C., unsere Küchenhilfe, kommen morgens von draußen und gehen nach getaner Arbeit zurück zu ihren Familien. Wir brauchen unbedingt mehr Raum zum Leben und Arbeiten, nicht zuletzt ein Medizin-Lager.

Der Vertreter einer pharmazeutischen Fabrik aus Java besucht und beliefert uns öfters. Ihm gefällt unsere Arbeit, die wir mit ganzem Herzen tun! Über ein seiner Firma angegliedertes Entwicklungsprojekt möchte er uns gerne helfen, unsere Klinik zu erweitern und gleichzeitig stabil zu bauen. Das heißt für mich zunächst Genehmigungen einzuholen, zuverlässige Arbeiter und Lieferanten fürs Baumaterial zu finden – ein ganzer Berg zusätzlicher und zum Teil mühsamer und zeitraubender Aufgaben.

Die Jungen, die noch in einem Teil des Gebäudes wohnen, ziehen auf dem gleichen Grundstück einige Meter weiter, der gewonnene Raum soll in eine Wohnung für uns umgestaltet werden. Vorerst muss er aber noch als Behandlungsraum dienen, bis der Klinikteil des Gebäudes fertiggestellt ist.

Zu Planung und Baubeginn kommt Mr. N., ein WEC-Kollege aus Java. Er bringt zwei verantwortliche Vorarbeiter mit. Es ist eine Freude zu erleben, wie fröhlich und mit welchem Eifer sie sich ans Werk machen. Aber wo kommen sie überhaupt unter?

Das ist eine eigene „Wunder"-Geschichte: Vier der Wohnheim-Jungen machten vor kurzem ihren Schulabschluss. Wir konnten ihnen Plätze in einer Bibelschule, im Dorfentwicklungsprogramm oder einer weiterführenden Schule vermitteln. Anstelle dieser vier Jungen kam es diesmal überraschenderweise nur zur Bewerbung und Aufnahme von zwei Neuen. Die freibleibenden Plätze können wir jetzt zu einer Wohneinheit für die beiden Bauarbeiter aus Java umfunktionieren. Mr. N. darf mit im Pfarrhaus wohnen. Verköstigt werden alle bei uns. Aus Platzmangel essen wir im Freien.

Noch nicht genug der guten Dinge: Zwischendurch findet in der Kirche nebenan eine Evangelisation statt, zu der wir – im Einvernehmen mit der Synode – einen erfahrenen WEC-Kollegen gewinnen konnten. Wir freuen uns über jeden Teilnehmer, der sich neu auf den Weg mit Jesus macht.

Ein neuer Tag bricht an

Die beiden Vorarbeiter aus Java rüsten sich zur Heimreise. Bis zum letzten Moment wird noch gesägt und gehämmert, an allen Ecken und Enden letzte Hand angelegt. Am Ende bleibt uns auch noch einiges – eine nicht gerade erwünschte „Hausaufgabe" – zum Selbermachen.

Aber die Abreise bedeutet doch: unser Umbau ist fertig. Wir sind eben in die neuen, hellen und etwas geräumigeren Behandlungsräume umgezogen. Auch unser Wohnraum hat sich erweitert. Wir freuen uns über jeden Fortschritt. In meinem Herzen klingt immer wieder ein „Danke, Vater im Himmel". Neben aller Hilfe, die wir tagtäglich erfahren durften, hatten wir ungewöhnlich lange gutes, trockenes Wetter, so dass von verschiedenen Seiten zu hören war: „Eures Baues wegen regnet es noch nicht."

Die Patienten strömen herbei

Schon vor der Fertigstellung des Erweiterungsbaus steigt die Patientenzahl drastisch. Eine Masern-Epidemie und deren Folgen tragen wesentlich dazu bei. Die vergrößerte Warteterrasse reicht schon nicht mehr aus. Unsere „Freiluft-Garage“ wird jeden Morgen in zusätzlichen Warteraum umfunktioniert.

Von der Gesundheitsbehörde sind wir mit einem dreimonatigen Speisungsprogramm für unterernährte Kinder betraut worden. Auch das vermehrt unsere Arbeit – unsere Patienten – und unsere Freude.

In „Suara Tim Tim“ („Stimme Osttimors“) kann man lesen, dass 70 % der Kinder unter fünf Jahren unterernährt sind. Das erleben wir hautnah. Neben vielen anderen kommt seit einiger Zeit ein kleiner 2 ½ jähriger Marasmus-Patient[5] mit 6 kg Körpergewicht in unsere Klinik. Er wird für seine Tbc behandelt und nebenbei – „zwangsgefüttert“. Dabei macht er bereits gute Fortschritte.

---

5 Marasmus: Entkräftung durch Proteinmangel.

9. Menschen, die mir nahestehen

Das Klinik-Team

Tyok und Susi, mit denen ich im Krankenhaus in Kudus in Kontakt gekommen war, sind Javanninnen. Es braucht Zeit, mit ihrer Kultur, ihrer Denkweise und ihren Wertvorstellungen vertraut zu werden. Bei Javannen muss nach außen hin immer alles in Ordnung sein. Diese Denk- und Handlungsweise steht in der Skala über dem Wahrheitsgefühl und im Gegensatz zu westlicher Denk- und Handlungsweise. Das wirft bei mir Fragen auf. Trotzdem, wir helfen uns gegenseitig und arbeiten gut zusammen.

Bevor zwei Jahre vergangen sind, heiratet *Tyok* einen von einer Nachbarinsel stammenden Lehrer.

Susi bringt sich neben der Arbeit in der Klinik aktiv in der Gemeinde ein mit Sonntagschule, Jugend- und Frauenstunde.

Esther, in Lospalos geboren und aufgewachsen, war schon verheiratet, als sie in der Patientenanmeldung/Administration und als Übersetzerin bei uns begann. Ihr besonderer Pluspunkt ist, dass sie viele Familien-Zusammenhänge kennt. Für sie ist es kein Problem, wenn heute die Mutter, morgen der Vater und übermorgen die Großmutter das gleiche Kind zur Behandlung bringen und jedes Mal ein anderer Name genannt wird. Mit einem Griff hat sie die richtige Patientenkarte (und weiß zudem noch die ganze Familiengeschichte).

Tina ist schon bald bereit, sich zu weiterer Ausbildung nach Java senden zu lassen. Sie wird zunächst Schwesternhelferin und absolviert noch einen Labor-Lehrgang mit anschließender Prüfung, speziell auf die Bedürfnisse unserer Klinik zugeschnitten. Sie wird eine verantwortungsvolle Kraft in der medizinischen Behandlung.

Tina C. aus einem Nachbardorf wird uns eine zuverlässige Hilfe im Haushalt. Ohne sie wäre es schlecht um uns bestellt.

Meine großen Kinder

Die Jungen aus umliegenden und weiter entfernten Orten, die in einer Baracke auf dem Grundstück der Kirche wohnen, durfte ich ja schon bei meinem allerersten Besuch in Lospalos kennenlernen. Seit wir mit unserer Klinik ihre nächsten Nachbarn geworden sind, vertieft sich unsere Beziehung.

Eines Tages werde ich von unserer Pfarrerin zur Besprechung zusammen mit den Jungen eingeladen und kurzerhand zu deren „Hausmutter" erklärt. Ich werde damit sozusagen „in einem Atemzug" Vize-Mama von 9 Jungen im Teen-Alter. Keine ganz leichte Aufgabe! Aber ich nehme sie an und benütze die Gelegenheit zu mehr Kontakt und Fürsorge.

Zum Wochenende erhalten sie etwas Geld, mit dem sie uns, das sind Tyok, Susi und mich, in ihr Samstag-Abendessen einschließen. Nachher gibt es eine gemeinsame Wochenschluss-Andacht. Früh am Morgen, bevor sie zur Schule gehen, treffen wir uns ebenfalls zu einem kurzen gemeinsamen Tagesbeginn.

Wenn es mit ihrem Schulprogramm vereinbar ist, dass einer von ihnen mit mir zu Besorgungen nach Dili fahren kann, nehme ich diese Gelegenheit gern war. Die jeweils ca. fünfstündige Hin- bzw. Rückfahrt ermöglicht private Gespräche. Das vertieft den Kontakt, das gegenseitige Kennenlernen und Vertrauen. Dabei lerne ich ihren familiären Hintergrund und ihre meist leidvolle Vergangenheit kennen und sie so besser verstehen.

Rückt der Schulabschluss in Sicht, besprechen wir ihre Pläne und Möglichkeiten. Auf diese Weise können wir jährlich einigen zu einer Weiterbildung verhelfen. Zur Wahl stehen das Dorfentwicklungsprogramm, eine weiterführende Schule, Religionslehrer-Ausbildung oder auch Bibelschule in Java, Kalimantan oder Sumatra. Daraus entsteht wiederum für mich eine ganz neue Aufgabe – den Kontakt mit den Einzelnen aufrechterhalten, Beratung und Ermutigung. Welche Freude, wenn sie es geschafft haben.

Ankunft in Gambia

Wartende Patienten vor einem der Behandlungsräume

Das „Busch-Taxi“ bringt einen Patienten

Ein gambianisches Gehöft

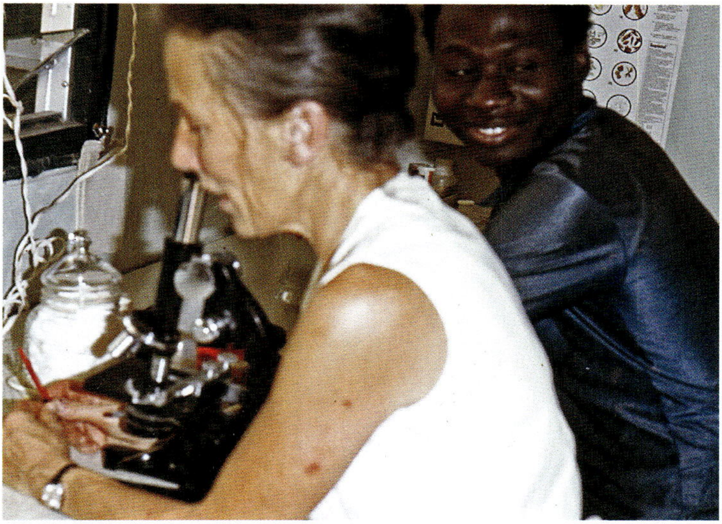

Im Labor zusammen mit Simon

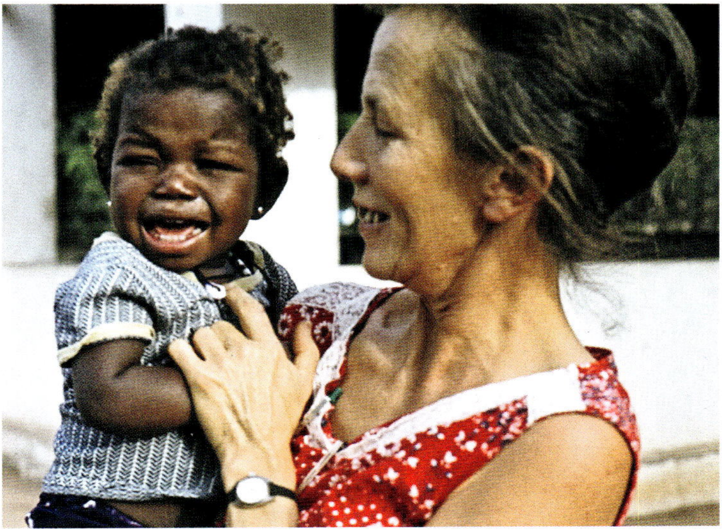

Mit einem meiner kleinen Freunde

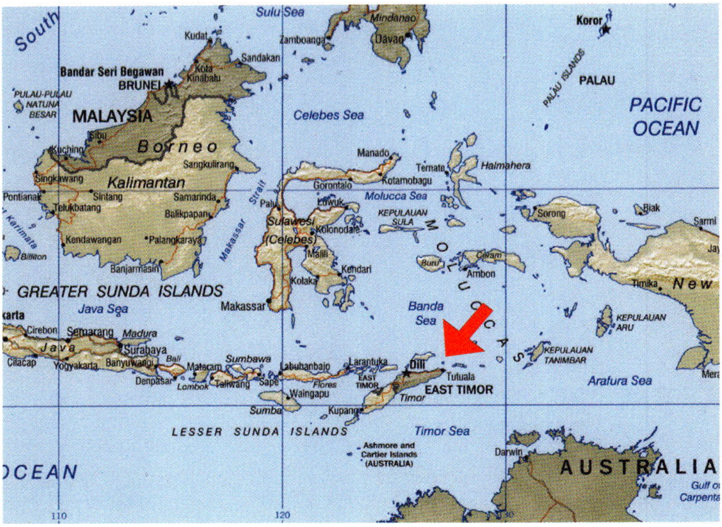

Das indonesische Inselreich

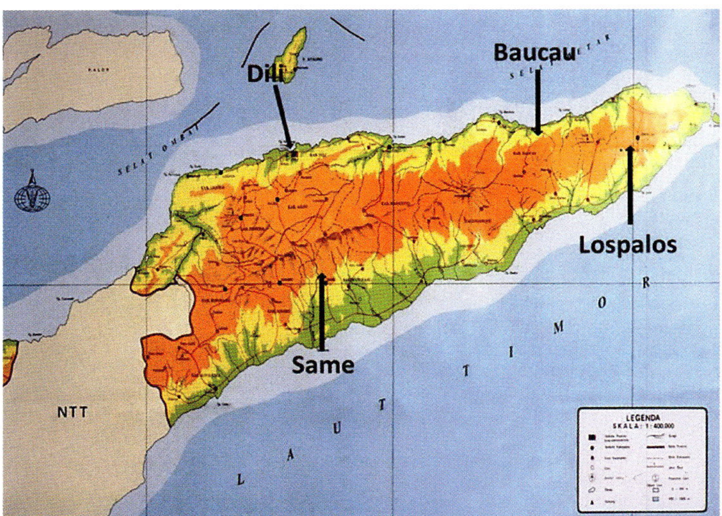

Osttimor

Die ersten Mitarbeiterinnen

Nach der ersten Erweiterung

Wartende Patienten vor der Anmeldung

Wartende Patienten vor den Behandlungsräumen

Im Behandlungsraum

Tina im Behandlungsraum nebenan

Animistische Stätten zur Ahnenverehrung

Einer der abenteuerlichen Fahrwege

Zu meinen „großen Kindern" gehört aber auch eine ganze Reihe Mädchen aus Lospalos und Umgebung, denen ich mit Hilfe von Freunden aus Deutschland eine Krankenpflege-Ausbildung in Java – teils in Kediri, teils in Kudus – ermöglichen kann. Auch sie brauchen Begleitung, Beratung und Ermutigung. Es vergehen einige Jahre, bis sie das erstrebte Ziel erreichen, die Graduierung, der sich noch ein Praktikumsjahr anschließt.

Da ich mit Visa-Verlängerungen immer wieder unterwegs und damit von der Klinik abwesend sein muss, sind die ersten Absolventinnen eine willkommene Verstärkung des kleinen Klinik-Teams.

Was aber nicht unbedingt vorauszusehen war – damit holen wir uns das ureigene „Timoresische Problem" in die eigenen Reihen: die Uneinigkeit, das „Nicht-Akzeptieren-Können des anderen" (anderer Volksstamm/anderer Klan). Da erhebt einer der „Riesen" sein Haupt. Es wird z.B. schnell klar, dass es ratsam ist, eines der Mädchen in die Verantwortung der eigenen Familie zurückzuführen, d.h. dass sie bei ihren Eltern wohnt.

Veränderungen und Krisensituationen bringen das wahre Gesicht zutage. Sie sind aber auch eine Gelegenheit, sich ganz neu dem Herrn und seiner Kraft zu öffnen und damit Wachstum und Tiefgang im Glauben zu erleben – oder aber dem Feind Raum zu geben.

Die Mädchen brauchen meinen Rat, meine Fürbitte.

Tyok und Susi sind längst ausgezogen. Schon ein Jahr nach unserem gemeinsamen Beginn hat Tyok einen Lehrer geheiratet. Susi folgte ihr einige Jahre später, sie wurde die Lebensgefährtin eines indonesischen Berufssoldaten der in Lospalos ansässigen Garnison. In beiden Familien ist bereits Zuwachs angekommen, was auch ihre Mitarbeit in der Klinik beeinflusst.

Muss ich aus den „altbekannten Gründen", vor allem Visa-Verlängerungen, mit nicht enden wollenden Behördengängen von Lospalos und der Klinik abwesend sein, bezeichnet sich das Team selbst als „Küken ohne Henne".

Die älteren Mitarbeiterinnen haben als Priorität ihre wachsenden Familien. Die Jüngeren sind unzufrieden, lustlos, auf Partnersuche.

Auch die verschiedenen Absolventen von Bibelschule, Dorfentwicklung und Religionslehrer-Ausbildung sind inzwischen im heiratsfähigen Alter und in Gefahr, falsche Entscheidungen zu treffen. Sie brauchen Hilfe in ganz praktischen Dingen und auch für ihre geistliche Reise.

10. Unerwartete Schwierigkeiten

Aufenthaltsgenehmigung

Viel zu schnell ist die nächste Visa-Verlängerung fällig. Der Antrag muss in Java gestellt und dort auch die Ausstellung der neuen Aufenthaltsgenehmigung abgewartet werden. Das ist jedes Mal eine harte Prüfung. Ich fühle mich schuldig, das Team mit all der vielen Arbeit allein zurücklassen zu müssen. In der Patientenbehandlung sind täglich so viele Entscheidungen zu treffen ... Es ist jedes Mal ein dunkles Tal, das ich „durchleiden" muss.

Ruth und Anni sind längst in ihr neues Land weitergezogen. Trotzdem bin ich immer noch willkommener Gast in Junggo, dem Gäste- und Retreat-Zentrum in den Bergen von Batu. Für mich stehen viele Behördengänge an. Die „Behörden-Mühlen" mahlen langsam.

In der freien Zeit bringe ich mich im Haushalt des Gäste-Zentrums mit ein, bis ich endlich das neue Visum in meinen Händen halte.

Es ist jedes Mal ein Sieg für mich und große Freude beim Mitarbeiter-Team, wenn ich mit einem neuen Jahresvisum in Lospalos eintreffe. Für ein Jahr ist das „Damokles-Schwert" wieder abgewendet.

Oder doch nicht?

Kaum bin ich zurück, gerate ich in die Fänge des Leiters des „Büros für religiöse Angelegenheiten", der sich längst vorgenommen hat, mir den „Garaus" zu machen. Es sei unrechtmäßig, dass ich mich medizinisch betätige. Er würde mich anzeigen – was den Verlust meines Visums zur Folge haben könnte. Selbst unsere Pfarrerin setzt sich vergeblich für mich ein.

Obwohl der eben erwähnte Leiter gesagt hatte, dass er meinen Aktivitäten in unserer Kirche nichts in den Weg lege, schreibt er mir nun auch da einen Drohbrief. Er ist ein wandelndes Gesetzbuch und findet immer wieder neue Regeln und Bestimmungen, auf die er seine Drohungen gründet. Er selbst sagt von sich: „Ich bin ein Zerstörer.“ Das macht deutlich, in wessen Dienst er steht.

Das Wissen um Gottes Ruf nach Osttimor, die Überzeugung, im Dienst dessen zu stehen, dem alle Gewalt gegeben ist im Himmel und auf Erden, lässt mich immer wieder zur Ruhe kommen. Aber die „Riesen“ – die Kalebsgeschichte war ja schon immer eng mit meinem Ruf hierher verknüpft – sind eine Realität, sie haben viele Gesichter. Oft ist die Dunkelheit fast zu greifen.

Eines Tages findet der eben genannte Büro-Chef einen Verbündeten. Ein Landsmann von ihm ist Polizeichef geworden. Ich werde vorgeladen und finde mich vier „mächtigen Herren“ gegenüber, die mich mit Anschuldigungen überhäufen. Teils sind diese Anschuldigungen echt lächerlich. Nicht aber die Herren, denen ich gegenübersitze. Wen wundert's, dass ich mir ziemlich klein und hilflos vorkomme. Bis – ja, bis ich in meinem Herzen die bekannte Stimme höre: „Ich bin bei dir, ein starker Held.“ „Danke, Herr!“ Mein Körper strafft sich, aufrecht sitze ich nun meinen Anklägern gegenüber.

Und wie handelt mein starker Held? Eine Woche später ist der Polizeichef verschwunden. Er hat auch anderswo „Scherben“ gemacht und muss bei Nacht und Nebel verschwinden. Der Büro-Chef hält es etwas länger aus, muss aber eines Tages ebenfalls das Land verlassen.

Wer würde nach solchen Erlebnissen nicht auf Wege sinnen, um eine Dauer-Aufenthaltsgenehmigung zu erlangen?

Einbürgerung

Bald ist es soweit: ich bin auf dem Weg, die Staatsbürgerschaft Indonesiens zu erlangen. Es ist ein langer, dornenvoller Weg, der mich wieder nach Java bringt und mehr als einmal dort festhält.

Mein Jahresvisum ist inzwischen wieder einmal abgelaufen. Meine Freunde in Java bestätigen mir immer wieder, dass das nun kein Problem darstelle, der Prozess zur Erlangung der Staatsbürgerschaft sei ja im Gange.

Eines Tages entdeckt die Einwanderungsbehörde die Tatsache, dass mein Visum bereits abgelaufen ist. Wehe mir! Um ein Haar muss ich in Quarantäne. Auf jeden Fall aber in „Stadtarrest". Jeden Morgen muss ich im Polizeirevier in Malang erscheinen, sitze ein paar Stunden im Warteraum und erhalte dann den kurzen Bescheid, dass ich für heute wieder entlassen bin. Die „Mit-Wartenden" fragen eines Tages teilnahmsvoll, ob mein „Prozess" immer noch nicht zu Ende sei.

Mein Gebet ist, dass ich Jesu Gegenwart in dieses Haus tragen darf. Trotzdem ist die Atmosphäre heute besonders drückend und dunkel. „Herr, ich komme heute nicht durch, kannst Du nicht jemanden in Deutschland beauftragen, für mich und die Situation hier zu beten?" Dass es dort jetzt mitten in der Nacht ist, ist mir echt nicht bewusst.

Irgendwie weicht langsam die Last.

Viel später erfahre ich, dass eine treue Freundin in Ostdeutschland mitten in der Nacht aufwachte mit dem inneren Drängen, für mich einzustehen. Welch ein Geschenk!

Endlich – nach einem langen Papierkrieg – ist es soweit, dass ich anderntags ein entscheidendes, weiterführendes Dokument in der Provinzhauptstadt Surabaya abholen kann. Diesen Bescheid erhalte ich in der Kreisstadt Malang. Der zuständige Beamte ist recht freundlich, fragt mich, wann und wie ich nach Surabaya gelangen werde. Gutgläubig erzähle ich ihm, dass ich per Auto nach Malang fahren und dort in einen ganz frühen Bus einsteigen werde, um bei der Öffnung der Behörde in Surabaya schon anwesend zu sein.

Wirklich, ich bin die erste und einzige in der Wartehalle, als ich ankomme. Aber – was ist das? Aus dem Sprechzimmer kommt der Chef der Behörde der Kreisstadt. Was hat das zu bedeuten? Es bleibt mir kaum Zeit, den Schock zu verkraften, als ich hereingerufen werde, nur um zu hören, dass ich dieses so sehnlich erwartete Dokument nicht bekommen könne. Ich hätte ja den Chef der Behörde der Kreisstadt eben gesehen! – Keine weitere Erklärung.

Wie ein Traumwandler schleppe ich mich zum Busbahnhof. Während der zweistündigen Rückfahrt schütte ich mein Herz vor dem himmlischen Vater aus. „Herr, wo bist du? Ich sehe keinen Weg mehr; ich brauche deinen Trost."

In meinem Zimmer angekommen finde ich die heutige Post. Es ist eine Karte aus Deutschland mit dem Text: „Gott spricht: Siehe, ich habe dir geboten, dass du getrost und unverzagt seist." Josua 1, 9. Meine spontane Antwort: „Danke, himmlischer Vater! Du kennst meine Lage, dir ist nichts verborgen, dir ist auch nichts unmöglich. Dir will ich weiter vertrauen."

Obige Karte ziert noch heute mein vergriffenes und vergilbtes Adressbuch. Und diese Zusage Gottes spricht immer wieder neu zu mir.

Es geht nicht lange, da erhalte ich ein anderes Dokument, mit dem ich in die Landeshauptstadt Jakarta zur höchsten Behörde reisen kann. Im Vorzimmer des hohen Herrn flüstert man mir ins Ohr: „Weißt du auch, dass du dieses Dokument eigentlich noch nicht haben darfst?" Trotzdem werde ich beim Chef vorgelassen und – erhalte grünes Licht zu den nächsten Schritten, mit denen ich bald die Einbürgerungs-Urkunde in Händen habe.

Bei der Behörde der Kreisstadt Malang erzählen mir die Beamten, dass sie zusammengesessen hätten um zu ergründen, wie ich das geschafft habe, denn sie wüssten, dass ich nicht heimlich „Kuverts" verteile. Eine gute Gelegenheit zum „Zeugnis an ungewöhnlichem Ort".

Was lange währt...

Am 23. August 1997 ist es endlich soweit: Der Naturalisierungsprozess hat alle Instanzen durchlaufen, heute wurde die letzte Unterschrift geleistet. Gott hat nicht nur mein Herz in seinen Frieden gehüllt, er hatte noch eine besondere Freude für mich bereit: Die Christusträger-Schwestern aus Semarang sind eben zu ihrem Jahresurlaub nach Junggo gekommen. Sie haben den Einbürgerungsprozess schon hinter sich und wissen um die „Wellen der Gefühle", die man dabei durchschwimmt. Sie begleiten mich und sind im Hintergrund Zeugen meines Treue-Versprechens. Anschließend verbringen wir einen entspannten Urlaubstag.

Am Abend halte ich noch einmal Rückschau. Wie ist es überhaupt zu dieser markanten Wegkreuzung gekommen?

Fast 20 Jahre vergingen zwischen Gottes Ruf und dem Tag, an dem ich den Fuß auf mein „verheißenes Land" setzen konnte. Eine lange Zeit! Aber kaum war ich da, wurde die jährliche Visa-Verlängerung – immer in Java – ein zeitraubendes und in ihrem Ausgang jeweils ungewisses Unternehmen. Meine Frage bei der himmlischen Instanz: „Du führst Freunde hinaus in andere Aufgaben, andere Erdteile. Ist es richtig, im Angesicht der Entwicklung unseres Landes sich so festzusetzen?"

Die erste Antwort kam eines Tages durch Apostelgeschichte 8,1: Gott führt einen Teil seiner Leute „hinaus" – damals aus Jerusalem, wo Verfolgung ausgebrochen war – aber er hält auch einen Teil „drinnen", um eine Stärkung für viele zu sein, die Jerusalem nicht verlassen konnten. Das wurde zu einem ganz persönlichen Wort für mich.

Einige Zeit später sangen wir als Team ein Lied, in dem es heißt: „Jesus kannte sein Schicksal, er wusste, was auf ihn wartete, und trotzdem kam er zu uns auf diese Erde." Wie oft hatten wir das schon gesungen. Aber diesmal sprach es ganz direkt zu mir: „Jesus ist Verachtung, Missverstandenwerden, Leiden und Tod nicht aus dem Weg gegangen. ER hat uns ein Vorbild gelassen, damit wir Seinen Fußstapfen folgen."

Diese Anwort und das Wissen, dass Sein Ja wirklich Ja ist, hat mir durch alle Enttäuschungen und Ungewissheiten des ganzen Prozesses hindurchgeholfen.

Nun beginnt ein neues Kapitel meines Dienstes.

11. Neuer Einstieg in Lospalos

Unangemeldet – weil es mit der Post nicht klappte – komme ich in Lospalos an. Große Überraschung und Freude!

Aber – obwohl der Vormittag noch nicht zu Ende ist, findet sich nur noch eine Kollegin in der Klinik, um sich der letzten Patienten anzunehmen. Wo sind die anderen? Die Patientenzahl ist drastisch zurückgegangen, die Disziplin des Teams lässt – gelinde gesagt – sehr zu wünschen übrig.

Unsere Pfarrerin ist auf ihre Heimatinsel zurückgekehrt.

Und „meine großen Jungens"? Sie werden zur Zeit von einem im Moment arbeitslosen jungen Mann „betreut", der sie mit Drohen anleitet: „Wenn ich komme und ihr habt eure Arbeit nicht geschafft, werdet ihr alle sterben." – Aus Dili habe ich ihnen Lebensmittel mitgebracht, um ihre „Reis-mit-Salz-Diät" etwas aufzubessern.

Viel Geduld und himmlische Weisheit ist nötig, um zu einem guten Neuanfang zu kommen.

Der Sonntag steht vor der Tür, und für diesen Tag ist ein Picknick der Frauengruppe mit Sonntagschule am Meer geplant. Ich soll unbedingt mitkommen. Es ist ein guter Anlass, viele Freunde gleichzeitig zu treffen. So sage ich gerne zu. Ihre dringendste Bitte: „Du machst doch Sport und Spiel!" Ihr Lieblingsspiel ist „Faul Ei", das ich aber diesmal lieber umgehen möchte. Bin ich doch die Älteste in der Gruppe und eines meiner Hüftgelenke plagt mich schon seit langem. Wenn ich mir aber die wenig sportliche Gruppe ansehe, fasse ich trotzdem Mut. Ich suche mir nicht gerade die Schnellsten aus, wenn die Reihe an mir ist, und schaffe es mit Bravour. Das ist echt eine Ermutigung. – Der gemeinsame Tag ist in jeder Beziehung ein guter Einstieg.

Gleich am nächsten Tag kommt eine befreundete Frau aus dem Nachbardorf mit Bananen, Kokosnüssen und anderem. Ihr kleiner Sohn hat ein Huhn unterm Arm. Es wird Nr. 10 in unserer

Hühnerfamilie. Wir haben also jeden Morgen ein winziges frisches Landei zum Frühstück. Welch ein Genuss!

Es ist eine Freude, jetzt wieder voll in den Klinik-Alltag einzusteigen. Was mir zu schaffen macht, ist die mangelnde Disziplin der Mitarbeiterinnen, was Arbeitszeit und Arbeitsmoral betrifft. Auch das so wichtige Mitgefühl mit den Patienten ist einfach nicht da.

Eines Tages bekomme ich eine gute Idee. Wir planen ein Retreat, das mit einem fröhlichen Kaffeetrinken beginnt. Schon beim Singen danach fängt das vorsichtige Auftauen an. Anschließend erhält jede der Mitarbeiterinnen einen vorbereiteten Bogen mit zunächst zwei Fragen:

1. Bin ich mit dem, was ich in meinem geistlichen Leben erreicht habe, zufrieden?
2. Bin ich mir bewusst, dass viel mehr für mich bereitsteht, und habe ich ein Verlangen, mehr zu empfangen?

Das soll jede für sich allein beantworten.

Dann kommt die Frage, wie unser Christsein sichtbarer werden kann und Strahlkraft bekommt. Zur Wahl stehen 5 Abschnitte aus den Briefen an die Römer, Epheser und Kolosser. Jede darf sich einen Text aussuchen und die Antwort erarbeiten.

Alle machen mit und bringen gute Ergebnisse. Dabei kommt auch zutage, dass sie eben oft nicht geduldig mit den Patienten sind etc.

Gott spricht ganz klar zu einigen. Möge das Erkannte auch in die Tat umgesetzt werden.

Soviel Leid und Krankheit!

Was wir in unserer Klinik fast tagtäglich zu Gesicht bekommen, geht mir tief zu Herzen. Da ist ein etwa siebenjähriges Mädchen, sehr elend, aber auch sehr schmutzig. In den zurückliegenden Wochen seiner Krankheit ist sein Körper sicher nie mit Wasser in Berührung gekommen. (Aberglaube erlaubt es wohl nicht.) So unauffällig wie möglich versuche ich, das Gesichtchen mit einem Waschlappen abzuwischen, im Gedanken, die kleine Patientin könnte sich dadurch ein wenig wohler fühlen. Sie ist ein Bild des Jammers. Beim nächsten Besuch ist sie immer noch blass und dünn, aber sauber, und auch ihr Kleidchen ist sauber. Welch eine Wohltat! Also hat mein bescheidener Anfang doch etwas gewirkt.

Eine andere Mutter bringt ihren sehr kleinen etwa fünfjährigen Jungen. Er ist fieberheiß, seine Ohrinfektion hat schon den dahinterliegenden Knochen befallen, der sehr aufgetrieben ist. Ich will ihm das Antibiotikum spritzen, damit es auch sicher in seinen Körper gelangt. Er bearbeitet seine Mutter mit Fäusten, weil er das nicht will. Aber plötzlich – ohne ersichtlichen Grund – wird er sanft wie ein Lämmchen. Der Schock für mich kommt, als ich höre, dass die Mutter ihm gesagt hat: „Wenn du dich nicht spritzen lässt, wird sie dir die Ohren abschneiden“.

In aller Ruhe kann ich ihm erzählen, dass ich keine Ohren abschneide, aber erkläre ihm: „Wenn dein Ohr und der Knochen nicht heilen, musst du operiert werden. Dazu musst du mindestens in die Hauptstadt , und das willst du doch sicher nicht!“ Der Junge hat verstanden und nickt.

Am Sonntag um die Mittagszeit kommt ein Ehepaar mit zwei Jungen, vier- und sechsjährig. Die mit mir zusammen wohnende Kollegin ist ärgerlich und verschwindet; heute ist doch unser dienstfreier Tag! Beide Kinder sind sehr elend, müssen getragen werden, ihre Temperatur ist über 40 – schon seit fünf Tagen. Am Montag geht es den beiden bereits besser. Der Vater sagt, sie hätten Angst nach Hause zu gehen, weil der Teufel dann hinter ihnen her sei. Ich nehme mir etwas Zeit, um dem Vater zu sagen: „Bitte Gott um Seine Begleitung, wenn du unterwegs bist. In der Bibel steht: ‚Nahet euch zu Gott, dann naht er sich zu euch.‘ (Jakobus 4,8) Du darfst mit einer ganz kurzen einfachen Bitte dich zu IHM nahen. Und dann heißt es auch: ‚Widersteht dem Teufel, so flieht er von euch …‘.“ Der Vater bedankt sich. Ob er es versucht?

Wir werden zu einer jungen Frau gerufen, sie ist Witwe und hat mehrere Kinder. Schon seit zwei Wochen ist sie fieberheiß. Ehe die Malaria-Behandlung zu Ende ist, geht es ihr schon besser. Aber sie hat noch Schmerzen. So besuche ich sie nochmals. Beim Weggehen sage ich zu ihrer ältesten Tochter, die gerade von der Schule kommt: „Koche etwas Gutes für die Mutter, sie ist ja so mager." Tina, die bei mir ist, hört die Nachbarn sagen: „Was soll sie kochen, es ist ja nichts da!"

Die Not ist groß in unserem Land! Wir suchen sie zu lindern, wo immer wir können – auch bei dieser Familie. Aber auch da braucht es Weisheit, denn man gerät sehr schnell in den – falschen – Verdacht, Leute „abwerben" zu wollen.

Das Mitarbeiter-Team

Begonnen hatte ich ja mit Tyok, und wenig später kam Susi dazu, beide aus dem großen Krankenhaus der Mennoniten in Kudus/ West Java. Unsere ersten Sprachhelfer und Übersetzer waren Esther und Tina aus Lospalos. Tyok und Esther haben inzwischen drei, Susi zwei Kinder. Tina konnte in Kediri den Schwesternhelferinnen-Kurs und in Kudus einen speziell für unsere Bedürfnisse zugeschnittenen Labor-Kurs mit anschließender Prüfung absolvieren.

Von der Gruppe der Mädchen, denen wir eine Krankenpflege-Ausbildung in Westjava ermöglichen konnten, sind Lusia und Sisilia inzwischen zurück und bringen sich in der Klinik mit ein.

Leider tauchen da unerwartete Situationen auf. Man hat nun eine Prüfung bestanden (aber noch sehr wenig Erfahrung, vor allem in ambulanter Behandlung), weiß alles besser, ist unzufrieden und lustlos, will mehr Geld, mehr freie Tage, übernimmt wenig Verantwortung. Z.B. meldet man nicht, wenn Medikamente, Verbandsmaterialien etc. zu Ende gehen, auch nicht, wenn man die letzte Portion entnommen hat, sondern erst, wenn die Regale leer sind. In unserem entlegenen Winkel dieser Welt kann man aber nicht einfach telefonieren und morgen ist der Ersatz da. Eine Bestellung aus Java ist angesagt, ein Schiffstransport bis zum Hafen in Dili, und dort muss die Ware dann von uns in Empfang genommen werden. Es dauert also Wochen, wenn nicht Monate, bis der Nachschub da ist. Im Notfall kann eine Grossisten-Apotheke in Dili aushelfen, aber auch das benötigt Zeit.

Eines Tages entdecke – oder besser gesagt fühle – ich auch Unregelmäßigkeiten im Medikamentenlager. Was für ein Segen, dass Ruth, meine Schwester, für kurze Zeit aus Hongkong zu uns gekommen ist, um dem Stress der Mega-Stadt zu entfliehen. Mit ihr kann ich meine Sorgen teilen. Gemeinsam gehen wir betend durch jeden Raum der Klinik. Mein Gebet ist, das Gott die bei uns hinausführt, die

- sich nicht ändern wollen
- nicht ehrlich sind
- Gottes Gegenwart bei uns nicht ertragen können.

Kaum ist Ruth wieder abgereist, kommt die Überraschung. Nach getaner Arbeit sind alle Kolleginnen schon vor dem Haus, als L. sich umwendet, um mich zu sprechen: sie will uns verlassen, und zwar sofort. Sie will in Dili Besorgungen machen und sich nach einem neuen Arbeitsplatz umsehen. Später stellt sich heraus, dass eine andere Kollegin schon länger weiß, dass L. heiraten und zu Hause eine eigene Poliklinik eröffnen will. Ob sie weiß, worauf sie sich einlässt? Um den behördlichen Vorschriften gerecht zu werden, sind drei Arbeitskräfte nötig. Bis deren Gehälter, eigener Lebensunterhalt und Kosten für die Medikamente erwirtschaftet sind, kann sich kein Patient diese Behandlung leisten.

Die bereits verheirateten Kolleginnen wechseln sich ab mit Mutterschutz und Betreuung ihrer Kleinkinder, bis sie eine zuverlässige Kraft finden, der sie ihre wachsende Kinderschar anvertrauen können. Bei den eingangs erwähnten acht Kindern im Team ist das eine ganze Menge Dienstausfall.

So sehr es mir am Herzen liegt, ein gutes, freundschaftliches und harmonisches Miteinander zu pflegen, regen auch da „Riesen“ der Eifersucht und Missgunst ihr Haupt. Jede der Mitarbeiterinnen samt ihrer Familie ist ein „Kampffeld“ und bedarf der Fürbitte.

Medizinischer Dienst – auch in den eigenen Reihen

Das Jahr 1998 beginnt mit einer ungewöhnlichen hochfieberhaften Grippewelle mit Gelenkschmerzen, Übelkeit, Erbrechen, Diarrhö. Zuletzt zeigt sich noch ein hochroter, juckender Hautausschlag. Wir haben nicht nur sehr viele Patienten, auch die meisten unseres Teams sind betroffen und fallen nacheinander für mehrere Tage aus. Tyok verliert in vier Tagen drei kg ihres Körpergewichts. Dann bekommt Tina Gelenkschmerzen. Eines Vormittags verschwindet sie stillschweigend. Wir finden sie im Bett mit einer Körpertemperatur von 40 Grad. Kaum ist sie wieder fit, entdecken wir unsere Küchenhilfe buchstäblich unter Tinas Bett, heiß wie ein Ofen. Aber – sie will nicht bei uns bleiben. So packe ich sie ins Auto, ihr Fahrrad auf den Dachständer und fahre sie nach Hause in eines der benachbarten Dörfer. Zuletzt erwischt es mich auch noch – aber ohne nennenswertes Fieber. Und den hochroten Ausschlag habe ich nur an den bekleideten Körperteilen. So kann ich immer arbeiten. Wie bin ich dankbar! Was positiv daran ist: Wir können mit unseren Patienten mitfühlen, vor allem was die Gelenkschmerzen betrifft.

Eines Samstagabends kommt ein junges Ehepaar mit dem Motorrad von weit her. Die Frau, 22-jährig, muss an der Hand geführt werden. Ihrer schmerzenden Gelenke wegen kann sie kaum gehen. „Herr, bitte tue etwas Besonderes für diese Frau, die einen solch weiten Weg auf sich genommen hat, um bei uns Hilfe zu finden. Segne und vervollständige die Medikamente, die ich ihr geben konnte“, ist meine Bitte, als sie gegangen sind, um die Nacht irgendwo in unserer Kleinstadt zu verbringen. Am nächsten Morgen kann die Frau laufen und mit Mann und Kind zu ihrem entfernten, abgelegenen Posten zurückkehren. „Das ist Antwort auf unsere Gebete“, ist Tinas spontaner Kommentar.

Diese Epidemie hält ungewöhnlich lange an und erfasst auch recht kleine Kinder. Trotzdem ist es nicht der einzige Grund unserer hohen Patientenzahl. Der zweite Grund: dem lokalen Krankenhaus fehlt die nötige Medizin. Die Finanzkrise greift um sich. Wenn das Krankenhaus ein gewisses finanzielles Kontingent hat und der Medizinpreis sich verdoppelt, reicht es eben nur für die Hälfte der erforderlichen Medizin, die Patienten werden weggeschickt und kommen – wenigstens zu einem Teil – zu uns.

Bei Familie Kansio ist vor drei Wochen ein neues Familienmitglied – ein kleiner Sohn – angekommen. Wir freuen uns von Herzen mit, benutzen jede Gelegenheit, die Familie zu besuchen, mit ihnen zu beten und uns von den Fortschritten des kleinen Erdenbürgers zu überzeugen. Nun steht heute früh Kansios Nachbar vor unserer Tür: „Kommt schnell, das Baby ist ganz plötzlich gestorben.“ Fassungslos stehen wir mit den Eltern und Geschwistern um das leblose Körperchen. Wir befehlen die Familie dem Trost, der Liebe und Fürsorge des himmlischen Vaters an. Mit ihnen zusammen betten wir noch am gleichen Nachmittag den kleinen Schatz in Timors Erde. Der Vater geht wieder seiner Arbeit nach, aber die Mutter in ihrer Hütte ist nur schwer zu trösten.

Kaum zwei Wochen sind vergangen, als die nächste Hiobsbotschaft kommt: Des Nachbars eigener vierjähriger Junge ist gestorben. Eben war er doch noch in Tinas Sonntagschule! Die Eltern haben dem so gefährlichen Brechdurchfall keine Beachtung geschenkt und den Kleinen nicht zur Behandlung gebracht. Nun ist es zu spät!

Bei der Trauerfeier, die am gleichen Nachmittag stattfindet, vermisse ich einen anderen Nachbarn. Er kommt am darauffolgenden Tag zur Poliklinik und erzählt, dass er mit kolikartigen

Schmerzen in seiner Hütte lag. Warum hat uns das niemand gesagt? Seine Frau saß ganz in unserer Nähe!

Kansio zieht das Fazit: Hier ist ein schlechter Platz zum Wohnen, die Geister rächen sich für irgend etwas, denn auch seine Frau ist oft krank. Er will wegziehen, bevor noch mehr Kinder sterben. Er denkt an das Dorf seines älteren Bruders. Der aber ist noch im Animismus/Okkultismus verstrickt. Wenn Kansio dorthin zieht, muss er automatisch dem großen Bruder hörig werden.

Der gestrige Sonntagsdienst brachte Tina und mich nach Pitileti, wo wir jeden zweiten Sonntag die kleine Gemeinde versammeln. Einer der Teilnehmer bittet uns, für seine kranke Frau zu beten. Nach dem Gottesdienst begleiten wir ihn nach Hause, um nach der Patientin zu sehen und auch noch direkt mit ihr zu beten. Die Frage, ob er noch Zaubergegenstände im Haus hat, bejaht der Mann ohne weiteres, aber er fügt gleich hinzu, dass er sich (noch) nicht davon trennen kann, denn das ist das Erbe seiner Vorfahren.

Das gleiche trifft wohl für die meisten unserer Zuhörer in Pitileti zu und auch an all den anderen dunklen Orten, wo es je länger je schwieriger wird, die Gemeindeglieder überhaupt zu versammeln.

Anschließend nehmen wir uns noch einige Besuche vor. Da ist Jasinta, eine kinderlose Witwe, die in einer überaus ärmlichen Hütte lebt. Sie freut sich mächtig über unser Kommen. Wir singen und beten zusammen. Vor dem Weggehen frage ich unvermittelt: „Hast du auch genug zu essen?“ – „Eigentlich nicht, ich habe nur das bisschen Süßkartoffeln, das die Nachbarn mir bringen. Ich kann selbst nicht mehr auf dem Feld arbeiten.“ Wie dankbar bin ich für diese Begegnung und die Möglichkeit, ihr schnell von unserem Segen mitzuteilen.

Das nächste Ziel ist ein älteres kinderloses Ehepaar. Vor ein paar Jahren hatten wir ein tiefes Gespräch. Was ist aus den beiden geworden? Auch da ist die Freude des Wiedersehens groß. Es gibt

Gelegenheit zu beten und ganz praktisch aktiv zu werden, vor allem in Bezug auf ihre Gesundheit: Der Mann hustet Blut, geht aber täglich in der Hitze aufs Feld, um den Boden für die nächste Saat vorzubereiten. Die Frau, von einem schmerzhaften Harnwegsinfekt geplagt, begleitet ihn dabei, auch wenn sie nicht sehr viel arbeiten kann.

Hauseinweihung

Für heute bin ich kurzfristig eingeladen worden, in einem benachbarten Dorf die Andacht zur Einweihung eines neuen Hauses zu halten. Auf einem ganz einsamen Hügel finden wir ein kleines Pfahlhaus, aus nur einem Raum bestehend. Die „Nachbarn" am Fuß des Hügels bringen ein paar einfache Sitzgelegenheiten mit, die draußen im Freien aufgestellt werden. Während der ganzen Andacht hält Frau Lusia ihren Kopf in beiden Händen. Man leidet förmlich mit ihr. Obwohl sie extrem blutarm ist (sicher der Grund ihrer Kopfschmerzen), ist auch sie damit beschäftigt, bei sengender Hitze ihr Feld umzugraben, was in hockender Stellung mit einem Pfahleisen bewerkstelligt wird. Sie verspricht, morgen zur Behandlung zu kommen.

Man könnte fortfahren mit der jungen Witwe, deren Mann vor zwei Jahren beim Graben von Lehm (weißer Erde) verschüttet wurde und dabei sein Leben verlor. Er hat seine Frau mit zwei Kleinkindern zurückgelassen. Auch sie bereitet in gleicher Weise ihr – wie sie sagt – „nicht enden wollendes Feld" vor, obwohl sie eine offene Tuberkulose hat.

Um kein falsches Bild zu zeichnen: Es gibt auch viele, denen es wesentlich besser geht als vor einigen Jahren, die ihre Hütte durch ein dauerhafteres Haus ersetzen konnten und auch etwas Geld in Händen haben. – Aber wir beten darum, dass Gott uns mit den Bedürftigen, den Notleidenden zusammenbringt, und wir freuen uns über jede Erhörung dieses Gebets.

Transportschwierigkeiten

Die Schulferien und auch andere Gründe haben zu Transportschwierigkeiten geführt. Patienten, die von weither kommen, klagen darüber. Oft kommen sie leider zu spät.

Bei der Fahrt durch ein Dorf werde ich angehalten, um nach einem schwerkranken Kind zu sehen. Wie lange es schon leidet, ist nicht zu erfahren. In der Woche zuvor ist das jüngere Brüderchen gestorben. Da hat sich wohl alles um den Todesfall, die animistischen Zeremonien und das Begräbnis gedreht. Anscheinend hat niemand der kleinen Alita von Zeit zu Zeit ein wenig Wasser eingeflößt. Fieberheiß, ausgetrocknet, mit einem Tumor im Unterbauch liegt sie da. Wenn sie zuhause bleibt, stirbt sie sicher. Der Transport ins Krankenhaus ist ein Risiko, lässt aber einen kleinen Hoffnungsschimmer. Wird sie den Transport ins staatliche Krankenhaus in Dili überleben? Von sechs Kindern dieser Familie sind nur noch vier am Leben. Ein erwachsener Sohn hat seine Tbc-Behandlung eigenwillig abgebrochen und ist ebenfalls dem Ende ganz nahe.

Wir machen uns auf den Weg ins Distrikt-Krankenhaus. Eine Tante kommt mit. Erst unterwegs erfahre ich, dass die Eltern zurückbleiben, um ihre animistischen Pflichten den Geistern der Vorfahren gegenüber zu erfüllen.

Am nächsten Tag erreicht mich die Nachricht vom Krankenhaus: „Alita hat ihr Leben ausgehaucht." Schweren Herzens bringe ich sie in ihr weit entferntes Dorf zurück.

Alita ist kein Einzelfall. Viele Kinder werden fieberheiß zu Hause gehalten, „bis die Masern nach außen kommen" oder „bis alle Hitze herausgekommen ist". Meist ist es Malaria, das Fieber hält an, Flüssigkeitsverlust und Blutarmut werden lebensbedrohlich.

Sonntagsdienste

Unsere Klinik steht auf dem Gelände der evangelischen Kirche in Lospalos und arbeitet unter dem Schirm des Sozialen Zweiges der IPTL (Igreja Protestante Timor Leste/Protestantische Kirche Osttimors).

Schon ganz am Anfang, bei den ersten Gesprächen über meinen Einsatz, werde ich gebeten, auch für Dienste innerhalb der Kirche bzw. Gemeinde zur Verfügung zu stehen. Dieser Dienst entfaltet sich in Zusammenarbeit mit unserer Pfarrerin von allem Anfang an recht positiv.

Nachdem diese Pfarrerin jedoch auf ihre Heimatinsel zurückversetzt ist, erleben wir verschiedene Wechsel in der Leitung der Gemeinde. Dennoch ist man froh, dass ich mitarbeite, vor allem, weil ich dank des Autos in der Lage bin, in den kleinen, sehr weit verstreuten Diaspora-Gemeinden Sonntagsdienste zu übernehmen.

So bin ich auch heute wieder in einem ca. 20 km entfernten Dorf zum Sonntagsgottesdienst eingeteilt. Einige der Wohnheim-Jungen fahren mit. Beim Warten auf die Gemeindeglieder hören wir, dass die Ältesten des Dorfes zusammengekommen sind, um „Regen zu rufen", mit anderen Worten: die Geister zu beschwören, Regen zu schicken. Der Mais – das Hauptnahrungsmittel – ist des ausbleibenden Regens wegen in Gefahr.

Zusammen mit der kleinen Gemeinde sprechen wir zuerst über Gottes Allmacht. ER – der Schöpfer Himmels und der Erde – ist es, der den Regen gibt oder auch zurückhält. Wir beten, dass Gott die Pläne der „Regenmacher" vereitelt, und dass ER uns Regen schickt. Am gleichen Abend und auch an den drei darauffolgenden Tagen regnet es in Strömen.

Wir möchten noch viel mehr Gottes Macht und Herrlichkeit erleben und in Wort und Tat unter dem Volk verkünden, das IHN noch nicht kennt, das seine Zuflucht zu den Geistern, zu Schnitzbildern, zu Holz und Steinen nimmt. Wir beten um Gottes

Wirken an Kranken und Gesunden, und auch um den nötigen Regen.

Am Sonntag nach Ostern bin ich zum Dienst in einem Bergdorf eingeteilt. Ich frage die kleine Gemeinde, ob sie Karfreitag und Ostern gefeiert haben. Sie sagen: „Ja, aber wir wissen nicht mehr, was es bedeutet!" Langsam und in einfachen Worten erzähle ich ihnen von Jesu Tod und Auferstehung. Esther übersetzt in die entsprechende Stammessprache. Am Schluss frage ich die Anwesenden, ob sie verstanden haben. „Ja, aber bis wir zu Hause sind, haben wir's schon wieder vergessen."

Hat das nicht schon Jesus selbst erlebt: Die Vögel sind schon da, um den ausgestreuten Samen wieder wegzupicken.

12. Erweiterung unseres Zeltes

Lange schon ist eine erneute Erweiterung unserer Räume – Klinik und privat – dringend nötig. Wieder einmal platzen sie aus allen Nähten.

Nach langem Warten ist es soweit, und mitten in so vielen Ungewissheiten – wachsende Finanzkrise, Unruhen im Land, Unsicherheit, wie es politisch weitergeht – trifft das kleine Bau-Team von Ostjava ein. Wir machen Pläne, der Bau beginnt.

Gleich am ersten Tag wird mir klar, dass die Bitte ums tägliche Brot für jeden neuen Tag ganz aktuell geworden ist, das heißt, dass wir für unser Geld auch das bekommen, was wir für die „erweiterte Familie" benötigen. Und Gott antwortet jeden Tag! Ich komme aus dem Staunen nicht heraus. Da bringt jemand etwas Gemüse, einen Bund Kochbananen, einen großen Fisch, frisch geernteten Mais, alles sicht- und greifbare Zeichen von Gottes Güte und Fürsorge. Grund genug, sich jeden Tag neu zu freuen.

Zunächst wird unsere alte Küche zur Hälfte abgerissen. Auf der Terrasse vor dem Wohnzimmer entsteht eine Wellblech-Behelfsküche, in der man öfters mal einen Schirm benötigt, ansonsten ist sie ganz praktisch. Die behelfsmäßige Garage wird abgerissen, der schattenspendende Kemiri-Baum umgehauen. Aber damit sind unsere Wohn- und Klinik-Räume plötzlich viel heller geworden, welch eine Freude.

Zuerst geht's an die Errichtung des neuen Gebäudeteils. Es ist ein Schaufeln und Mischen, ein Hobeln und Hämmern! Die vier Arbeiter – zwei von Java, zwei aus unserer Nachbarschaft – sind mit Volldampf am Werk. Die „nächste Runde" ist dann der Durchbruch zum bisherigen Gebäudeteil und die Erneuerung der Küche. Die Patienten-Anmeldung, in der man kaum atmen kann, wird vergrößert, ebenso die Warte-Terrasse mitsamt dem Dach, das vor Sonne und Regen schützt. Wände werden eingerissen, neue aufgebaut, etc.

Der Klinikbetrieb geht nebenher weiter

Noch kann ich mir kaum vorstellen, wie wir dem Patientenstrom gerecht werden können, wenn die Arbeiten so „hautnah" in unserem Behandlungsbereich stattfinden.

Gott verspricht: „Wunderbar wird sein, was ich an dir tun werde" (2. Mose 34,10).

Das erleben wir immer wieder neu, auch in der Behandlung unserer täglich etwa 100 Patienten. Jedes schwerkranke Kind – der größte Teil unserer Patienten sind Kinder –, das „über den Berg kommt", ist ein Wunder, eine Antwort auf Gebet.

Eben hatten wir wieder solch eine „Jammer-Gestalt": 13 Monate alt, 5 kg Körpergewicht. Das Kind hat eine Atemwegsinfektion und verweigert seit zwei Wochen jede Nahrung. „Sitzfläche" und Oberschenkel sind nur Knochen – mit Hautfalten umgeben. Wir „zwangsfüttern" solche Kinder mit Erfolg. Leider wagen die Eltern das oft nicht, sehen tatenlos zu und kommen erst zur Behandlung, wenn es schon zu spät ist. Das tut uns weh.

Medizin allein genügt nicht

Unter all den anderen Patienten hatten wir diese Woche sieben neue Fälle von offener Tbc. Zum Teil sind es junge Leute. Ein 19-jähriger junger Mann sagte nach der Behandlung: „Ich habe Hunger". Sein Onkel hatte ihn beherbergt, solange er noch zur Schule gehen konnte. Als er zu schwach wurde, hat er ihn abgeschoben. Nun ist er bei seiner Schwester, die eine ganze Kinderschar hat. Heute ist sie für den ganzen Tag weggegangen. Es ist nichts Essbares im Haus. Schnell kaufen wir ihm ein fertiges Essen und kümmern uns auch in Zukunft um etwas zusätzliche Kost.

Ein neues „Risiko-Kind" der heutigen Sprechstunde ist 8–9 Monate alt, wiegt 3,4 kg, es besteht aus Haut, Knochen und – Husten.

Anlass zum Schmunzeln

gibt es gelegentlich auch einmal. Da kommt ein Elternpaar mit der kleinen ca. 1 ½-jährigen Tochter von weither. Die Kleine schreit unablässig wie am Spieß. Schon bei der Anmeldung war sie in der ganzen Klinik zu hören. Die Klage: Die Kleine hat seit drei Tagen keinen Stuhlgang. Auf meine Frage, was sie denn in diesen drei Tagen gegessen habe, kommt die kurze Antwort: „Nichts." Unterernährt sieht sie aber nicht aus. Ob sie wohl Hunger hat? „Nein, sie will nichts essen!" – Ich erinnere mich an einen kleinen Rest Grieß, den mir die Freunde aus Semarang geschickt hatten. Schnell koche ich einen Grießbrei, schicke die Eltern nach draußen und füttere den kleinen Schreihals mit Grießbrei. Das ist einfach, weil der Mund beim Schreien so weit offen ist. Die Kleine spuckt mir den Brei auch nicht ins Gesicht, sondern schluckt ihn unter Schreien – auch das zuletzt „eingeschmuggelte" Vitamin B. Den zurückgerufenen Eltern übergebe ich ihren kleinen Schatz. Der schläft auf der Stelle ein – vor lauter Erschöpfung. Bei der Kontrolle am nächsten Tag ist alles wieder im Lot: essen, schlafen, Stuhlgang, und das Schreien ist verstummt. Wie schön, wenn es auch einmal so einfach geht!

Lachen oder Weinen?

Nicht ganz so einfach ist es bei einer unserer „Dauerpatienten-Familien". Eben hat die Mutter ihr sechstes Kind, ein Mädchen, zur Welt gebracht. Es ist auch diesmal wieder ein winziges Geschöpf. Gewöhnlich hat die Mutter – die die ganze Feldarbeit macht, um die Familie zu ernähren – nicht genug Milch, um ihre Kinder zu stillen. Und nun hat sie auch noch einen kleinen Abszess an der Brust. Während wir uns darum kümmern, hütet der Papa das Baby und … lässt es an seiner Nase saugen! Vor wenigen Jahren war er ein total abgemagerter Tbc-Patient! Wir bringen Baby-Milch zum Zufüttern mit und erklären ganz ausführlich die Verdünnung. Viermal am Tag soll damit zugefüttert werden.

Beim nächsten Besuch geht es dem kleinen Schatz kein bisschen besser. Die Nachfrage ergibt, dass die Mama es „genau wie angegeben" gemacht hat: jeden Mittag um 4 Uhr hat sie zugefüttert!

Schockierend ist es immer wieder zu hören, dass der konsultierte „Medizinmann" alles Protein (Milch, Eier, Fleisch) und oft auch Gemüse verbietet. Wird dieser Rat befolgt, dann ist der fatale Ausgang nur noch eine Frage der Zeit. Dann kommt eines Tages jede Hilfe zu spät.

Das Fazit

Eben ist der Erweiterungsbau fertig, da erklären mir die beiden Freunde aus Java, dass sie in drei Tagen abreisen werden! Für mich ist das ein Schock, denn eigentlich sollten sie noch ein Regal für den Vorratsraum und einige dringend benötigte Kleinmöbel herstellen. Das kann ich nun vergessen! – Aber der Dank überwiegt für das, was geworden ist. Wir freuen uns jeden Tag über den gewonnenen Raum, die gelungene harmonische Verbindung zum bisherigen Gebäude. Gott hat unsere Gebete erhört, ER hat Wunder getan, Wunder der Bewahrung, der Versorgung mit allem Nötigen, bis hin zu den täglichen Mahlzeiten für die Bauarbeiter.

Während der Bauzeit hatten wir die höchsten Patientenzahlen seit dem Bestehen unserer Poliklinik. Auch da hat Gott erneut unter Beweis gestellt, dass er zu den Aufgaben und Anforderungen auch die nötige Kraft gibt. Jedes schwerkranke Kind, das wieder gesunden durfte, hat unsere Freude, unser Vertrauen in Gottes Allmacht gestärkt.

13. Politische Turbulenzen

Ein kurzer geschichtlicher Überblick

Ab Mitte des 16. Jahrhunderts war der östliche Teil der Insel Timor portugiesische Kolonie. Interne Probleme veranlassten die Portugiesen, im Jahr 1975 das Land überstürzt zu verlassen. Obwohl Osttimor seine Unabhängigkeit erklärte, besetzte Indonesien diesen Inselteil und rief ihn zur 27. Indonesischen Provinz aus!

Auf timoresischer Seite entstand sehr schnell eine starke Unabhängigkeitsbewegung, deren militanter Teil in Wäldern und Höhlen lebte und von hier aus agierte. Das Ergebnis war ein fortwährender Guerilla-Krieg mit vielen Opfern auf beiden Seiten.

Wir geraten ins Rampenlicht

Nach 24 Jahren Unabhängigkeitsbestrebungen wird für den 30. August 1999 ein Referendum angesetzt. Zu dessen Vorbereitung und Überwachung kommen bereits im Frühjahr 1999 Hunderte von UNO-Leuten ins Land. Unsere vergessene Ecke rückt plötzlich ins Rampenlicht der Weltöffentlichkeit.

Im Land selbst sind die vielen Ausländer mit ihren tollen Autos und prächtigen weißen Hubschraubern *die* Attraktion, ihre Anwesenheit wirft aber auch viele Fragen auf und schürt heimliche Ängste.

Es wird bekanntgegeben, dass jeder, der im August 1999 am Referendum unserer Provinz teilnahmeberechtigt ist, sich jetzt einschreiben muss. Die Papiere, die dazu verlangt werden – Taufschein, Heiratsurkunde und Personalausweis – bereiten viel Kopfzerbrechen und Verwirrung. Wer kann das schon vorweisen? Und wenn, dann stimmen die Angaben oft nicht überein.

Für die des Lesens und Schreibens Unkundigen – und das ist ein großer Prozentsatz der Bevölkerung – füllt ein anderer das Formular aus. Und der des Lesens Unkundige soll dann schwören, daß die Angaben wahr sind. Die erklärenden Reden werden auf Englisch gehalten, der Übersetzer rafft alles in zwei Sätzen zusammen, und dies nicht einmal in der entsprechenden Stammessprache.

Wie das in der Praxis aussehen kann

Vor dem Gottesdienst heute morgen besuchte mich eine langjährige Freundin aus dem Nachbardorf. Sie hatte gestern einen langen Weg zurückgelegt, um sich einzuschreiben. Von 8 bis 15 Uhr stand sie mit den anderen in der sengenden Sonne und hatte noch den langen Heimweg vor sich. Sie erwartet ihr siebtes Kind. „Fast habe ich es nicht geschafft, es gab aber auch gar nichts Essbares zu kaufen, da war kein einziges offenes Büdchen."

„Was wirst du wählen?" frage ich sie.

„Die Arbeiterpartei".

Vorsichtig versuche ich ihr zu erklären, dass diesmal nicht eine Partei gewählt, sondern über die Zukunft unserer Provinz entschieden wird. Ob wir autonom werden wollen – wobei die „Nabelschnur" zu Indonesien nicht durchtrennt wird – oder ob wir ganz frei, ganz auf uns selbst gestellt sein wollen.

Ein Teil der Bevölkerung sagt: „Wir wollen, dass es so bleibt, wie es jetzt ist, wir wollen nicht zurück zu früheren Zeiten!" Aber jeder hat Angst, seine Meinung zu äußern, hat Angst vor der Gegenseite.

Viele fragen: „Gibt es einen kleinen oder einen großen Krieg?"

Gestern hatte ich in einem Dorf eine Andacht zu halten. Wie aufgescheuchte Hühner saßen die Freunde vor mir. Der Registrierungsprozess hat sie total verwirrt. Gott legte mir Gideons Geschichte aufs Herz. Er war der Kleinste und Unbedeutendste in seinem Stamm, seiner Familie. Aber Gott war mit ihm, Gott gebrauchte ihn, den Kleinsten. Obwohl er Angst hatte, war er Gott gehorsam, hat die Götzensäule und den Götzenaltar seiner

Familie niedergerissen. Dann konnte Gott ihm die nächste Weisung geben.

Ich schloss: „Freunde, ich bete für euch, dass Gott euch zeigt, was ihr wählen sollt. Gott hat viele Wege – durch Träume, Visionen, durch Seinen Geist. Er kann euch auch eine Linie zudecken und nur die andere sehen lassen ...

Am Schluss gab es ein dankbares Händeschütteln. –

Meine Stimme ist winzig klein und unbedeutend in diesen so weitreichenden Entscheidungen. Manchmal möchte mir das Herz vor Weh beinahe stillstehen. Trotz allem: Es ist ein Vorrecht hier zu sein, die Furchtsamen und Verzagten auf unseren Gott und Seine Allmacht hinzuweisen, sie zu ermutigen.

Unser Landrat hat mir vor kurzem gesagt: „Ich freue mich, ja ich bin stolz darauf, dass du hier bleibst, wo so viele gehen."

Der Exodus nach anderen Teilen Indonesiens, der bereits in den ersten Monaten des Jahres 1999 aus Furcht vor den kommenden Ereignissen begonnen hat, erfährt Mitte des Jahres einen weiteren Höhepunkt. Leute, die seit 20 und mehr Jahren hier leben, verkaufen Hausrat und Häuser und ziehen nach Westtimor. Busse werden gemietet, damit die Ausreisenden so viel wie möglich mitnehmen können. Geschäfte bringen ihre Waren in den Westteil der Insel, was wiederum die Preise hier noch weiter steigen lässt.

Nach Tyok, die uns schon vor vier Monaten mit ihrer Familie in Richtung Westtimor verlassen hat, ist jetzt auch Susi nach Kupang/Westtimor, der Heimat ihres Mannes, umgezogen. Schwanger und mit zwei kleinen Kindern wollte ihr Mann sie vor der Wahlkampagne in Sicherheit wissen. Susi wird mir fehlen!

Trotz all der Unruhe, den Fragen, der Unsicherheit lässt sich niemand zum gemeinsamen Beten aktivieren. „Ich bete für mich allein", hat mir neulich jemand auf meine Einladung hin abweisend gesagt.

In einem anderen Dorf kommt seit Jahresbeginn niemand mehr zu unseren wöchentlich begonnenen Zusammenkünften.

In meinen beiden „Sonntagsdienst-Dörfern“ ist es ein verborgener Kampf um die Einzelnen. Es ist nicht leicht, sie nur einmal 14-tägig zu sammeln. In einem dieser Dörfer will man mir das Haus verbieten. So trafen wir uns das letzte Mal unter einem Baum.

Nach dem Referendum

Am Samstag, den 4. September 1999 fällt mit der Bekanntgabe des Wahlergebnisses vom 30. August eine tiefe Depression über das ganze Land – nicht des Wahlergebnisses wegen (ca. 75 % für die Unabhängigkeit), sondern angesichts der bangen Frage: „Was kommt als Nächstes? Wie geht es weiter?“

Wenige Tage später beginnt die totale Zerstörung der von Indonesien aufgebauten Infrastruktur – öffentlicher und auch privater Gebäude – durch indonesisches Militär und dem Militär nahestehende Milizen.

Das Angebot Westtimors, Schiffe zu schicken für alle, die „entkommen“ wollen, fällt auf fruchtbaren Boden. Hinzu kommt die Drohung des Indonesischen Militärs. Ist es wirklich wahr, dass man verbrannte Erde hinterlassen will?

Die Angst, besser noch die Panik greift um sich. In wenigen Tagen melden sich nicht nur viele unserer Freunde, sondern auch alle Kolleginnen der Klinik zur Abreise an. Nur Tina, die bei mir wohnt, bleibt zunächst. Man packt seine Habseligkeiten zusammen und versammelt sich an festgesetzten Plätzen, um auf den Abtransport zum nächstliegenden Hafen zu warten. Die Schar, die in der glühenden Sonnenhitze des Tages und der Kühle der Nacht im Freien ausharrt, wird von Tag zu Tag größer. Hühner, Hunde und kleine Schweine sind mit dabei und dienen zum Teil dazu, den Hunger der Wartenden zu stillen.

Der nächste Schock

kommt mit der Nachricht: „Alle, denen ihr Leben lieb ist, müssen gehen." Das trifft auch unsere alten und kranken Freunde, die wir rundum besuchen. Aber der Landrat, den wir um Rat fragen, versichert uns: „Ihr könnt bleiben, es wird euch nichts geschehen."

Der ungewöhnlich große Medizinvorrat – auch dank einer ganz unerwarteten, einmaligen Spende – und einige ganz neue Dienstmöglichkeiten, die sich auftun, sind mir immer wieder neu ein Zeichen, dass wir bleiben sollen und dürfen. Auch Tina, die als einzige an meiner Seite ausharrt, ist mit mir einig. Ihre Mutter und eine andere Witwe mit zwei Kindern suchen Schutz bei uns, weil die Zerstörung öffentlicher Gebäude und verlassener Geschäfte bedrohliche Formen annimmt.

Freitagnacht, vom 10. auf den 11. September 1999 – wenige Stunden, nachdem die Nachbarsfamilie mit dem Allernötigsten in „Richtung Wald" aufgebrochen ist – wird ihr Haus, ihr Laden mit Tankstelle uns gegenüber heftig beschossen. Unter lautem Grölen einer wohl betrunkenen Horde wird er aufgebrochen, ausgeraubt, zerstört und dann angezündet. Die viele Meter hohen Flammen spiegeln sich in den Fenstern der Kirche und des Gemeinderaums, so dass es scheint, als würden auch diese Gebäude, auf deren Gelände wir uns befinden, in Flammen stehen.

Die Reihe kommt an uns

Am nächsten Morgen mahnt mich Tina ernsthaft: „Du musst etwas tun, heute Nacht wird die Zerstörung weitergehen. Wir können hier nicht bleiben."

Der Kommandant des dauerhaft hier stationierten Bataillons bietet uns an, unsere Medizin in die dortige Poliklinik zu bringen und auch uns selbst für die Nacht dort Unterkunft zu gewähren. Er stellt sogar Fahrzeug und Personal zum Transport zur Verfügung. In dem für uns freigestellten Raum können wir auch kochen. Nur das trübe Wasser aus dem Ziehbrunnen ist knapp, weil sich auf dem gleichen Komplex hunderte wartender Flüchtlinge befinden.

So fahren wir am Sonntag frühmorgens zurück zu unserer Klinik, wo noch genügend klares Wasser aus der Leitung fließt. Nach Morgenandacht und Frühstück besuchen wir unsere Freunde, die auf dem Fußballplatz, in der Schule und am Straßenrand auf Abtransport warten. Wir bringen ihnen Lebensmittel und wo nötig auch Medizin. Beim Zurückkommen finden wir – am helllichten Sonntagmorgen – die Türen unseres Hauses aufgebrochen, Fenster und Türen zerstört, drinnen ein heilloses Durcheinander: Schrankinhalte sind rundum verstreut, Schubladen herausgerissen, umgekippt, zertreten, Bücher, Briefe, Scherben – alles zu einem „bunten Salat“ gemischt.

Wir raffen einige Dinge zusammen und gehen zurück zu unserem „Zufluchtsort“. Auch an den folgenden Tagen sehen wir ein- bis zweimal pro Tag nach dem Haus, nach unseren Tieren und denen des schon abgereisten Pfarrers.

Wer immer sich an unseren Sachen bereichern will, benutzt die nicht mehr zu schließenden Türen. Zuletzt ist auch mein Klinik-Schreibtisch umgestürzt, scharfes Putzmittel auf den Boden geschüttet etc.

Unsere Fahrt hin und zurück geht durch dicke Rauchschwaden, vorbei an brennenden Häusern, aber immer noch vorbei an wartenden Freunden mit z. T. fieberheißen Kindern. Wir verteilen Medizin, beten am Straßenrand mit den Ratlosen, leiden und weinen mit ihnen.

Quälende Fragen

Die quälende Frage für uns selbst: „Bleiben oder gehen?“ ist eine der schwersten Entscheidungen meines Lebens. Viele unserer Freunde haben sich in die Wälder, Höhlen und Felsspalten geflüchtet. Eines Tages werden sie zurückkommen und nach unserer Hilfe Ausschau halten.

Auch der Kommandant, unter dessen Schutz wir im Moment stehen, meint, es würde uns nichts geschehen, wenn wir bleiben.

Garantieren kann es aber keiner, und wir hatten bereits einen „Vorgeschmack" des wütenden Treibens der tobenden Horden vor unseren Augen. Würden sie mit dem Militär abziehen und würde dann Ruhe einkehren? Wer würde nachkommen, und mit welchen Absichten?

Unser Haus ist nicht mehr abschließbar, es gibt keinen Strom mehr, Kerzen und Streichhölzer reichen kaum für zwei Wochen. Welchen Gefahren würden wir in den langen Nächten ausgesetzt sein?

Andererseits: sind wir einmal „draußen" – wird es je ein Zurückkommen geben? Was wird mit denen geschehen, die eventuell nicht mehr abtransportiert werden können? Ist unser Platz bei ihnen? Quälende Fragen, die nicht zur Ruhe kommen.

Plötzlich greife ich nach einem selten benützten Vorrats-Schlüssel mit dem kleinen Anhänger: „Fix your eyes upon Jesus" (Richte deine Augen auf Jesus). In einem Moment ist der Kampf zu Ende. Das ist die Antwort! ER wird uns Schritt für Schritt führen, auch wenn wir noch nicht sehen wie und wohin.

Am Freitagabend, dem 17. September 1999 setzen wir uns – zusammen mit dem letzten Militärkonvoi aus Lospalos – in Bewegung, ein Flammenmeer hinter uns zurücklassend. Der Militärarzt steuert mein Auto. Tina und ich teilen uns den Beifahrersitz. Der Gepäckraum ist bis zur letzten Ecke mit Medizin, ein paar Haushaltsutensilien und unseren privaten „Notfall-Köfferchen" ausgefüllt.

Unten am Meer gibt es einen fast dreitägigen Aufenthalt, bis die Ware und ein Teil der Mannschaft eingeschifft sind. Auch da können wir uns noch um die Kranken unter den wartenden Flüchtlingen kümmern, bevor es dann – für uns auf dem Landweg – auf die große Fahrt nach Westen geht, unterbrochen von wiederholten hautnahen Kampfhandlungen, wahllosen

Erschießungen von Zivilisten – vor allem Männern – die unterwegs sind. Unsere Herzen bluten!

Wie schon vorher verbringen wir die Nächte auf der Erde, zwischen den LKWs oder auch im Auto sitzend.

In Kupang, Westtimor

Am 23. September 1999 treffen wir heil in Kupang ein, wo Susi soeben ihr drittes Kind entbunden hat. Wir finden Zuflucht in einer ausrangierten Baracke eines Schulungszentrums auf halbem Weg zwischen Kupang und einem der größten Flüchtlingslager mit 15.000 Insassen, in dem wir zur medizinischen Betreuung hauptsächlich unter Leuten aus Lospalos eingesetzt werden.

Durchfall- und Atemwegserkrankungen führen täglich 100-150 Patienten in unsere behelfsmäßige Poliklinik. Auf einem großen Karton bauen wir die Medizin auf. Um uns herum ist so viel Palaver der Miliz, die u. a. Reis unter den Flüchtlingen verteilt, dass man kaum das eigene Wort versteht. Wir sind dankbar für das etwas außerhalb gelegene Quartier, wo wir zusammen mit anderen, die hier Zuflucht gefunden haben, gut bewacht werden.

Recht fleißig besuche ich das Büro von UNHCR (United Nations High Commissioner for Refugees) in der Hoffnung zu erfahren, was „drüben" auf unserer östlichen Seite der Insel geschieht. Die Informationen sind vage, die Gerüchte erschreckend. Aber dann, eines Tages, bietet man mir einen freien Rückflug an mit dem Kommentar: „Mach dir selbst ein Bild, wir wissen viel zu wenig, was ‚drüben' vor sich geht."

Esther, die wir in Kupang wiedergefunden haben und die in unserer „Behelfs-Klinik" mithilft, und Tina sind einverstanden.

Zum „Schnupper-Besuch" zurück nach Osttimor

So stehe ich eines Morgens reisefertig vor unserer Baracke und warte auf das Taxi, das mich zum Flughafen bringen soll, als ein befreundeter osttimoresischer Pfarrer zu Besuch kommt. Sein

Entsetzen, dass ich nach „drüben“ will, kennt keine Grenzen. Er überhäuft mich mit Gräuelgeschichten von dort, fleht mich händeringend an, nicht zu gehen, denn er ist überzeugt, dass ich mein Leben aufs Spiel setze. Der wortlose Schrei meines Herzens findet Erhörung, der Pfarrer verabschiedet sich – sicher, dass er mich überzeugen konnte –, bevor mein Taxi eintrifft.

Ein Frachtflugzeug bringt uns Flüchtlinge, die ohne Gepäck nach Hause wollen, schnell und sicher nach Dili. Problematischer ist die Reise ins Inland. Zwei Tage später nimmt mich ein UNO-Helikopter mit nach Lospalos.

Die Freude über das Wiedersehen ist überwältigend – schon bei der Landung auf dem Fußballplatz. Die Nachbarn und Freunde sind – nach dem Abzug des Militärs – aus den Wäldern und Höhlen zurückgekommen und machen sich Sorgen um unser Ergehen, denn auch darüber gehen schlimme Gerüchte um. Sogar unsere „Küchen-Tina“ taucht auf und nimmt immer wieder den weiten Weg aus ihrem Dorf unter die Füße, um mich mit Essen zu versorgen.

Manche der Freunde fanden nach ihrer Rückkehr nur Schutt und Asche an der Stelle, wo einst ihre Hütte stand. Andere fanden ihre Hütten total ausgeraubt. Postamt, Telefonzentrale und Geschäfte sind nur noch Ruinen. Dinge des täglichen Lebens, wie z. B. Sandalen, Kerzen, Streichhölzer, Zucker etc. sind nur zu astronomischen Preisen zu bekommen. Verkehrsmittel sind selten, Strom gibt es nur am Abend für einige Stunden.

Doch welch große Freude: unser Gebäude – Klinik und Wohnbereich – steht noch! Obwohl Fenster fehlen und all die Außentüren nicht mehr abschließbar sind, ist ein internationales Team von UNO-Mitgliedern eingezogen. Die nötigsten Küchen-Utensilien brachten sie aus Australien, Tische und Bänke „borgten“ sie aus der Kirche.

Eines Tages bin ich mit ihnen unterwegs, um auch entferntere Freunde zu besuchen. Per Funk wird das Team umgeleitet, denn in einem Dorf soll ein Kampf stattgefunden haben. Was wir antreffen, ist erschreckend: Zwei Dörfer streiten seit einem Jahrzehnt um Land. Am Morgen dieses Tages kam es zu Tätlichkeiten. Ergebnis: ein Toter mit durchschnittener Kehle, zwei Schwerverletzte. Ein Anblick des Grauens. Eben entkam man dem großen Blutvergießen und nun tötet einer den anderen!

„Wenn da die Kirche nichts dagegen tut …“ sagt eines der UNO-Mitglieder. Aber die meisten Pfarrer stehen noch unter dem Trauma, den Todesdrohungen der vergangenen Wochen und Monate, sind noch im Westen oder haben keinen Blick für die aktuelle Situation.

In all den Schrecken und die Trauer mischt sich die Freude, meine Zwillings-Patenkinder und deren Eltern gesund und wohlauf anzutreffen. Sogar ein neuer Erdenbürger hat sich da angemeldet!

… und dann noch einmal nach Kupang

Mit einer langen Liste der fehlenden Türschlösser, Fensterscheiben, Lichtschalter, Steckdosen und Kabel, die einfach aus der Wand gerissen wurden, mache ich mich auf den Rückweg. In meinem Gepäck befinden sich außerdem 40 Briefe von Freunden, die ihre nach Westen geflüchteten Angehörigen zur Rückkehr ermutigen. Diese Briefe könnten mich bei einer eventuellen Kontrolle teuer zu stehen kommen, warnen die UNO-Leute. Das will mir ein paar schlaflose Stunden und etwas Herzklopfen bescheren. Aber nein, ich stehe doch unter dem Schutz des Allerhöchsten!

Gute, von meinen Freunden in Kupang mit viel Spannung erwartete Ankunft! Ich gerate nicht „hinter Schloss und Riegel“, kann all die Briefe weitergeben. Aber Tina und Esther erklären mir fest entschlossen: „Du darfst das Flüchtlingslager nicht mehr betreten. Die Miliz, mit der wir den Behandlungsraum teilen, hat dich vermisst und gesagt: „Wer hin und her reist (von West nach Ost und umgekehrt), muss getötet werden“.

Was nun?

Ein Erysipel (Infektion) am Bein beschert mir passive Tage. Meine Körpertemperatur wetteifert mit der in unserer Wohnbaracke. So sitze ich draußen und vertiefe mich in Jesajas Worte: „Ich will die Blinden leiten auf einem Weg, den sie nicht kennen. Ich will das Dunkel vor ihnen her zu Licht machen und die rauen Plätze zur Ebene…" Jesaja 42,16 wird mir eines Tages zur Wegweisung und lässt das Herz froh und voll Zuversicht werden.

Das Flüchtlingslager nicht mehr betreten zu dürfen – nicht einmal die Kolleginnen bis zum Tor bringen zu können – gibt mir Zeit, in der Stadt Kupang Medizin und auch all die Dinge einzukaufen, die auf meiner Liste stehen.

Endgültig zurück

Mit übervollem Auto besteigen Tina, ihre Mutter und ich Ende November 1999 eines der „Rückkehrer-Schiffe". Esther mit Familie wollen – wie viele andere – die weitere Entwicklung abwarten. Für uns beginnt – wieder einmal – ein völlig neuer Lebensabschnitt.

14. Auf und ab des Neuanfangs

Dezember 1999

Wir sind wieder zuhause in Lospalos und staunen täglich über dieses Wunder. Aber – das nächste Wunder steht schon vor der Tür. Trotz minimalster Kommunikationsmöglichkeiten erhalte ich die Einladung, die kurz bevorstehenden Weihnachtstage mit meinen beiden Schwestern in Hongkong zu verbringen. Seit etwa zwölf Jahren soll es unser erstes Dreiertreffen sein. Tina ist einverstanden, und so mache ich mich auf die Reise. Es sind kurze, aber frohe Tage des Austauschs und der Erholung, die lange noch nachwirken werden.

Nach einer Woche – gleich nach den Feiertagen – mache ich mich auf den Rückweg, mit den notwendigsten Utensilien für unseren ausgeraubten Haushalt in meinem Gepäck. Die Reise geht diesmal über Malang/Java, wo sich Hildegard Berg – eine z. Zt. dort im Dienst befindliche WEC-Kollegin, die die Bürde für Osttimor mit mir teilt – zu mir gesellt. Wir beeilen uns, um zum Jahreswechsel in Lospalos zu sein.

Das Jahr 2000 beginnt

Das Team der UNO, das vorübergehend in unserem demolierten Haus wohnte, ist inzwischen ausgezogen. Stundenlang sind wir nun damit beschäftigt, die weggeworfenen, aber von Frauen unserer Gemeinde in der Sakristei aufgehäuften Patientenkarten zu ordnen. Danke, liebe Hildegard, für Deine Hilfe, Deine Geduld. Danke, dass Dein Einblick in unser zerstörtes, hilfsbedürftiges Land Deine Hilfsbereitschaft in so vielfältiger Weise mobilisiert hat.

Trotz fehlender Möbel eröffnen wir die Poliklinik. Erst sind es 70, bald aber 100 Patienten pro Tag, denen wir gerecht werden müssen. Tina macht die Registration, prüft Körpertemperatur und Blutdruck, ich übernehme die weitere Behandlung. Oft ist es Abend, wenn der letzte Patient nach Hause geht.

Bald können wir Amena gewinnen, die sich nun in der Anmeldung einarbeitet.

Neulich hatte das kleine lokale Krankenhaus geschlossen, angeblich wegen Medizinmangel. Wir konnten uns der Patienten kaum erwehren. Die tägliche Zahl stieg auf 180 und mehr.

Es bedarf einer ungeheuren Konzentration, sich auf jeden Patienten neu einzustellen – sprachlich, medizinisch. Manchmal klagt der Patient über etwas ganz Nebensächliches, dabei hat er hohes Fieber, Schüttelfrost – eine „dicke Malaria". Oder die Eltern sagen: „Das Kind will nicht essen, es ist nicht krank", es hat aber Durchfall, Erbrechen etc. etc. Wir haben auch schwerkranke Masern-Kinder.

Das Wunder: Jeden Tag ist wieder neu Kraft und Frische da, um dem Tag mit seinen Aufgaben zu begegnen. Das ist nicht selbstverständlich. Wir sind von Herzen dankbar.

Nicht nur in der Klinik vermissen wir unsere Möbel, auch unser privater Bereich ist so gut wie leer. Eines Tages kommt unsere frühere „Küchen-Tina" und fragt mich schelmisch: „Willst du deine Bettgestelle wieder haben?" Hat sie doch tatsächlich in all den Wirren und Kampfhandlungen unsere Bettgestelle auf einem Handwagen in ihr ca. 8-10 km entferntes Dorf „evakuiert" und ist jetzt bereit, sie uns zurückzubringen – einschließlich unserer Hunde, die sie mit Kokosnuss-Resten am Leben erhalten hat. Die Matratzen hatten wir auf dem Dachständer unseres Autos mit nach Kupang und wieder zurück befördert.

Aus der Nachbarschaft kommt eines Tages der Kühlschrank zurück. Er funktioniert noch, aber das bisschen Strom am Abend lässt ihn nicht sehr kalt werden. Auch ein Schreibtisch kommt zurück. Wir sind für jedes Stück dankbar. Ein paar einfache Plastikhocker haben wir in Kupang erstanden. Sie wandern täglich vom privaten Bereich zur Klinik und wieder zurück. Leider haben sie ihre „Tücken". Sie verursachen an unserer Sitzfläche nicht nur

Schwielen, sondern auch wunde Stellen. Wir versuchen alle möglichen „Auflagen“, um die Schmerzen beim stundenlangen Sitzen zu lindern. Wenn wir abends gewisse Medikamente portionsweise vorbereiten, um die Behandlung des nächsten Tages zu beschleunigen, sitzen wir einfach auf einer Matte am Boden. Auch zum Beten. Das ist wesentlich bequemer.

Eines Tages sitzt auch unsere Katze wieder vor der Tür. Wo ihr „Zufluchtsort“ war, verrät sie uns nicht. Aber sie ist sichtlich froh, wieder „zu Hause“ zu sein.

Trotz all den Dingen, an denen wir uns bereits wieder erfreuen, kommen wir immer wieder irgendwie „ans Ende“. Eines Tages ist es Tipp-Ex. Mit ein paar Tropfen Benzin versuchen wir wiederholt, unserem leeren Fläschchen doch noch etwas abzugewinnen. Dann kommt die Gelegenheit, via Dili eine Nachricht nach Java zu schicken. Auf dieser Wunschliste steht natürlich auch Tipp-Ex.

Wenige Tage später bringt ein Bote ein kleines Päckchen aus Dili: 10 Packungen Tipp-Ex. Eine Hilfsorganisation hatte dort so viel angeliefert, dass man uns gern davon abgibt. Ich gehe wie auf Wolken in dem Wissen: Wenn Gott gibt, dann gibt er königlich.

Noch fehlt uns eine zuverlässige Haushalthilfe. Das Mädchen, das wir kurze Zeit hatten, erschien eines Tages nicht mehr. Viele, noch recht junge Mädchen werden urplötzlich verheiratet. Wenn wir mit dem Klinik-Betrieb fertig sind, eine „kalte Küche“ vorfinden, die Wäsche nicht gewaschen ist, die Räume nicht geputzt sind, ist das nicht sehr ermutigend. Das kann kein Dauerzustand werden.

Hilfreiche Hände

Hildegard – wieder zurück in Java – schickt uns neben etwas Medizin und einem Sack Mehl auch vier Säcke Vollmilch-Pulver. Zum Glück sind auch Plastikbeutel dabei. So haben wir zwei Säcke à 25 kg schnell abgepackt. Damit können wir viel Gutes tun.

Mit sehr viel Mühe hat Hildegard auch einen Webgarn-Grossisten ausfindig gemacht. Nun ist sie dabei, das Garn einfärben zu lassen. Die UNO hat darum gebeten, um die Handweberei wieder in Gang zu bringen und den Frauen zu etwas Erwerb zu verhelfen.

Noch ist die Kommunikation sehr problematisch. In Dili kann man – via Australien – nach Java telefonieren, aber – weit und zeitraubend ist der Weg nach Dili.

Die Familien, die zuerst vom Wald zurückgekommen sind, und auch die, die vom Westen schon zurück sind, haben fleißig Mais gepflanzt. So gibt es jetzt bereits jungen Mais. Das ist eine große Hilfe.

Was uns auffällt: In den Monaten der Unruhen und auch danach haben weder Hunde noch Katzen Nachwuchs „fabriziert". Erst jetzt fühlt sich unsere Mieze sicher und ist trächtig. Die Hunde denken noch nicht daran. Sie sind immer noch traumatisiert und reagieren auf alle männlichen Wesen mit Panik, erst recht, wenn diese Männer irgendeine Uniform tragen. Waren sie doch „Augenzeugen" der Zerstörung unserer Räume und Habseligkeiten. Ich glaube, sie würden jeden in Stücke reißen, der uns antasten wollte.

Die geistliche Situation

Die geistliche Situation ist besorgniserregend. Die Pfarrer sind noch traumatisiert. Unser „Gemeinde-Hirte" ist oft die ganze Woche nicht da. Kein Außenposten wird besucht oder bedient. Ich habe mehrfach meine Dienste angeboten, nur um zu hören: „Geh halt einfach". Das habe ich abgelehnt. Ich will einen ordentlichen Auftrag und Dienstplan haben, nicht auf eigene Faust etwas tun, von dem sich der Pfarrer dann notfalls distanziert. Außer einer Sonntagspredigt, die manchmal in 3 Sprachen „herumwirbelt", gibt es nichts – nichts für die Jugend, auch keine Sonntagschule. Die meisten Pfarrer im Land betätigen sich lieber im sozialen Bereich oder gründen einen Verein.

Von behördlicher Seite werde ich verdächtigt, „oft mit verschlossenen Briefen nach Kupang zu reisen“. Von kirchlicher Seite hat man Angst, ich könnte eine eigene Kirche eröffnen. Nichts davon enthält auch nur ein Körnchen Wahrheit. Einer der Riesen in unserem Land heißt „Misstrauen“.

Kleine Schritte vorwärts

Ein benachbarter Schreiner fertigt uns einfache Möbel für die Klinik und den privaten Bereich. – Wir machen Fortschritte.

Die Familien, deren Häuser abgebrannt wurden, erhalten vorgefertigte Balken und Wellblech fürs Dach. So stehen rundum in den Dörfern viele neue Häuschen, die noch keine Wände haben. Einige verwenden das verkohlte Wellblech als Wände oder erstellen auch ganze Hütten damit.

Zu unserer Freude kommt eines Tages Esther mit ihrer Familie zurück und arbeitet auch gleich wieder in der Klinik mit. Zusammen mit Amena macht sie die Administration. So kann Tina in die Behandlung der Patienten mit einsteigen. Das ist dringend nötig, denn wir haben weiterhin steigende Patientenzahlen. Im vergangenen Monat war 196 die höchste Tageszahl. Wen wundert’s, dass unser Medizinvorrat schmilzt wie Schnee in der Sonne.

Wir haben – wie bei den veränderten Verhältnissen jetzt allgemein hier üblich – begonnen, die Klinik am Samstag geschlossen zu halten. Für Notfälle sind wir, die im Haus wohnen, da. Diese Änderung hilft, mit der Arbeit im Hintergrund besser aufs Laufende zu kommen, oder auch mal einen erholsamen Samstag am Meer zu verbringen.

Freud’ und Leid wechseln

Leider passieren auch traurige Dinge. Ein süßes kleines Mädchen, mit dem wir uns zwei Tage vorher noch unterhalten hatten, ist ganz plötzlich gestorben. Drei Tage später stirbt ebenso plötzlich unser Vikar Florindo. Er war einer unserer Jungen aus dem Jungenwohnheim, der vor einem Jahr mit dem Theologiestudium fertig geworden war. Das ist ein tiefer Schock. Florindo hatte sich sehr zu seinem Vorteil verändert. Nun war er kaum 4 Wochen von Kupang zurück, hat in dieser Zeit beim Wiederaufbau in seinem Heimatdorf geholfen, war nur wenige Tage krank. Keiner hatte mit einem solchen Ausgang gerechnet.

Lusinda, die seit kurzem ebenfalls zurück ist, hat nun Angst, auch nicht mehr lange zu leben. Gesundheitlich hat sie echte Probleme, Nierensteine – während der Krankenpflegeausbildung bereits deshalb operiert – und jetzt eine Infektion, aber sie verweigert die Medizin ... In der „Gerüchteküche“ höre ich, sie will sich nach dem Empfang des Gehalts „zur Ruhe setzen“.

Segen hat viele Gesichter

Wieder einmal sind wir mit unserer vielen Malaria-Medizin am Ende. Unsere Hilferufe gehen in alle Richtungen. Jeden Tag beten wir um das benötigte Chloroquin. Wird der Vorrat für morgen noch reichen? An diesem Abend kommt eine große Medizin-Sendung. Welche Überraschung und Freude. Rasch überfliege ich den Begleitbrief. Ist das möglich – da steht: „Chloroquin war keines zu bekommen“. Mit klopfendem Herzen packen wir Paket um Paket aus. Da – wirklich zwei Dosen, um den dringendsten Bedarf zu decken. Danke, danke!

Durch den gleichen Engpass geht es mit dem Fieber-Husten-Sirup für unsere vielen Babys. Wir teilen schon den Inhalt der Fläschchen. Da aber begegnen wir dem nächsten Problem: Woher leere Fläschchen nehmen? Wer mehr als 1 Jahr alt ist, muss Bruchstücke von Tabletten schlucken.

Und dann kommt der Sirup – gleich von mehreren Seiten. Grund zur Freude und zum Dank – immer wenn wir den medizinischen Vorratsraum betreten.

Als nächstes kommt der Lebensmittel-Segen: Reis, Mehl, Zucker, Öl, Milchpulver etc. Ganz verschiedene Seiten sind daran beteiligt. Keiner weiß vom anderen. Und jeder schickt etwas anderes. „Danke, himmlischer Vater, danke!" Mit Freuden geben wir weiter, können Freude bereiten und erhalten manchmal dafür Gemüse oder auch Bananen für unsere eigene Küche.

Dann stirbt plötzlich unser einziges Legehuhn. Aller Tierbestand wurde in den September-Ereignissen drastisch dezimiert, und die „neue Generation" wächst erst langsam heran. Ein wenig traurig genießen wir das letzte „hinterlassene" Ei. Genau an diesem Tag bringt eine Patientin 5 frische Landeier. So gut ist unser himmlischer Vater. Er kennt unsere kleinsten Bedürfnisse.

Langsam wächst auch unser Hühnerbestand, der bis auf Null abgesunken war. Auch da kann man nur staunen. Dazu gehört auch die neueste „Hühner-Episode": Eine recht große Nachbarsfamilie – 9 Kinder – kommt sehr oft außerhalb der Klinik-Stunden. Nicht immer zu unserer Freude. So war am letzten Samstagabend der jüngste Sprössling fieberheiß. Warum werden die fast immer nur abends krank?

Tags darauf, am Sonntagabend, es ist schon stockfinster, kommt der Mann: „Meine Frau hat schreckliche Schmerzen". Ich gehe mit ihm, finde die Frau sich in Schmerzen windend, vom Sterben redend. Eine Spritze und ein heißer Wickel bringen langsam Erleichterung. Während ich am Bett sitze und die Kompressen erneuere, kann ich still für die Familie beten. Fast schon fallen die Augen der Patientin zu, als ich mich auf den Heimweg mache.

Am nächsten Abend kommen wir relativ spät von einem anderen Besuch zurück. Wer steht da, auf uns wartend? Fast die halbe Nachbarsfamilie. Was ist denn heute wieder los? Meine Kollegin murmelt schon ein paar wenig freundliche Worte, kann diese aber schnell runterschlucken: Alle sind gesund, sie wollen uns als Dank zwei junge Hühner bringen.

„Dafür mache ich wieder mal eine Spritze und nächtliche Bauchkompressen", kann ich Tina versichern.

Soziales Engagement

Das Bemühen, beim „World Food Programm" und anderen NGO's Hilfe für unsere unterernährten Patienten zu finden, hat sich gelohnt. Wir erhalten monatliche Lebensmittel-Rationen für unsere Tbc-Patienten: Reis, Öl, rote Bohnen, Salz, Mais, Sojamehl etc.

Eines Tages kommt zu gleicher Zeit eine andere Organisation, die ihr Warenlager räumt. Sie bringt uns 70 (siebzig!) Sack rote Bohnen. Unser früheres Wohnzimmer ist ein einziges Warenlager. Die nun „klinikfreien" Samstage sind mit der Lebensmittel-Verteilung gut ausgefüllt.

Radio-Dienste

Jetzt, im unabhängigen Osttimor, haben wir sogar einen lokalen Radiosender für unseren Distrikt. Eine der Bedingungen des Sponsors ist, dass alle Bevölkerungsgruppen beteiligt sein müssen, also Bauern, Fischer, Händler etc. und alle im Bezirk ansässigen Religionen. Unsere Kirche erhält jeden Freitagabend 30-45 Minuten für eine Abendandacht. Daran bin ich einmal im Monat auch beteiligt. Die Sendungen können auch außerhalb unseres Distrikts noch gehört werden, wie ich von unseren Patienten höre. Es macht Freude, die Gute Botschaft auf diese Weise und so weit gestreut weitersagen zu dürfen. Das Singen froher Lieder soll auch nicht zu kurz kommen. Manchmal üben wir als Klinik-Team oder in Zweiergruppen, einfach wer sich von mir dazu gewinnen und begeistern lässt.

Selbst da schläft der Altböse nicht, vor allem beim Singen. Entweder klappt es beim Üben nicht, oder wir haben keine Zeit zum Üben. Es kommt auch vor, dass vor dem Weggehen sich ein Mitglied des Teams quer stellt, eine andere etwas heiser ist...

Heute Abend springt das Auto nicht an, also müssen wir zu Fuß gehen. Fast sieht es so aus, als müsste ich auf die Sänger verzichten. E. hatte versprochen zu kommen, aber sie kam nicht. M. behauptet, sie kenne die Lieder nicht ... Dank *einer* guten Stimme wird es wenigstens ein Solo-Gesang. Nach der Rückkehr fragen doch wirklich die Nachbarn, wer gesungen hat. Es seien so viele Stimmen gewesen, sie dachten, es sei ein ganzer Chor. Mein Herz schlägt höher: Da haben die Engel mitgesungen! Das macht unser Gott mit seinen unbegrenzten Möglichkeiten. So vertraue ich Ihm auch, dass er Seinen Segen auf meine Worte legt.

Freunde kommen – Freunde gehen

Das UNO-Personal – unweit von unserer Klinik stationiert – ist ausgesprochen freundlich und hilfsbereit. „Wann immer du etwas brauchst: komm zu uns", ist ihr Angebot. Wir dürfen ihre Internetverbindung benützen. Das bringt mich erstmals mit E-Mail in Verbindung und ist eine große Hilfe, was den Kontakt mit meinen Geschwistern und das Bestellen von Medizin anbelangt. Ein weiterer Segen ist die Möglichkeit, mit dem UNO-Helikopter in einer Stunde kosten- und mühelos nach Dili zu kommen.

Die erste Gruppe des UNO-Personals kam bereits im Frühjahr 1999, also rechtzeitig vor dem Volksentscheid über den Status des Landes. Kemi, eine junge Ärztin aus Nigeria, Rebekka, Krankenschwester aus Simbabwe, und Gilberto aus Kenia waren Christen und kamen mehrfach zum Austausch und Gebet zu uns. Sie teilten eine besonders spannungsgeladene Zeit – vor den großen Zerstörungen – mit uns. Wir halfen uns gegenseitig mit Medizin, ihr Personal kam zu uns zu Laboruntersuchungen.

Nun lernen wir die neue Truppe kennen. Aspirin kommt aus Nigeria. Sein Vater, ein Animist, ging täglich zu einer Poliklinik der Missionare, um sich jeweils eine Tablette Aspirin abzuholen. Als dann sein Sohn geboren wurde, erhielt er den Namen Aspirin. Er gehört zur UNPOL (Polizeitruppe der UNO), ist Christ und bringt sich aktiv in unserer Gemeinde ein. Nebenbei unterrichtet er die Jugendlichen in Englisch. Er kommt oft auf „einen Sprung" zu uns.

Auch zu einer Koreanerin, die unsere Distrikt-Administratorin ist, haben wir freundschaftliche Beziehungen. Sie will uns zum Essen einladen, aber irgendwie geht es schief und so kommt sie zu uns zum Essen. Sie fühlt sich wohl bei uns und möchte oft bei uns essen. Sie schätzt Tinas Kochkunst und stellt fest: „Wenn Tina heiratet, muss der Bewerber 77 Büffel – den höchsten hier üblichen Brautpreis – bezahlen!"

Eines Tages fragt sie mich unvermittelt: „Wie bist du Christ geworden?" Auch sonst hat sie immer interessante Fragen. Schlussendlich kann ich noch meine dienstlichen Fotokopien bei ihr im Büro machen. Wir werden mit einem halben Karton Teigwaren beschenkt. Das nächste Mal will sie Spaghetti bei uns essen. – Der Segen fließt!

Unsere deutsch-peruanische Kinderärztin haben wir am vergangenen Samstag verabschiedet. Das war eine traurige Angelegenheit. Wir haben so viel Gemeinsames, vor allem was die Fürsorge für die Leidenden betrifft, die hier im Land eigentlich nicht großgeschrieben wird. Manch guten Rat konnte ich mir bei ihr holen. Sie wird mir unglaublich fehlen.

Auch Muriel, eine Französin, die zu einer echten Freundin geworden ist, nimmt Abschied. Nicht zuletzt sind es Aspirin und seine nigerianischen Kollegen.

Freud' und Leid sind nahe beisammen.

Der häufige Wechsel bei UNO und NGO's hat seine Nachteile. Noch wissen wir nicht, was nachkommt.

Ein Hilfsschiff aus den USA

Eines Tages, es ist im April 2001, legt ein amerikanisches Hilfsschiff in der Nähe von Com an. „Wollt ihr für zwei Tage einen Arzt und einen Zahnarzt vom medizinischen Team dieses Schiffes haben?“ werden wir gefragt. Natürlich wollen wir! Voll Spannung sehen wir dem Tag entgegen. Fast ist es ein Schock, als plötzlich unsere ganze Klinik mit baumlangen, breitschultrigen Amerikanern „überflutet“ ist: Ärzte, Koordinatoren, Übersetzer, ein Sicherheitsbeamter – der sich freundlicherweise mehr draußen aufhält –, ein Zahnarzt, der ebenfalls von einem ganzen Team umringt ist. Er hat nicht über Langeweile zu klagen, man kann ihn recht fröhlich beim Zähneziehen sehen.

Draußen warten heute 300 Patienten auf Behandlung, die nichts vom Kommen dieser Marine-Einheit wussten. Die Temperatur, die Enge, die überwältigende Patientenzahl sind für unsere „Gäste“ sehr ungewohnt. So wird der Einsatz bei uns auf diesen einen Vormittag beschränkt. Schade!

Zum Schluss gibt es einen heiteren Abschied mit gemeinsamem Foto, und wir erhalten einige wertvolle Instrumente, die sie uns hinterlassen und die sehr hilfreich für uns sein werden. Schön, dass wir am Ende der Welt nicht vergessen sind!

Das koreanische Peace Keeping Bataillon (PKF/Peace Keeping Force)

Ein festlicher und froher Anlass ist auch die Einladung zur „Replacement Ceremony“ des Koreanischen Peace Keeping Bataillons. Alle sechs Monate wird die ganze 400 Mann starke, in Lospalos und Umgebung stationierte Truppe, einschließlich der medizinischen Abteilung, abgelöst. Mit dem letzten Truppenkontingent hatten wir ein besonders gutes Verhältnis. Der Kommandant war uns sehr zugetan. Wir waren mehrmals zum koreanischen Essen eingeladen und hatten auch sonst manche Freundlichkeit empfangen. Nun soll der Staffelstab weitergegeben werden. Das heißt auch für uns Abschied nehmen.

Für mich hat dieser Nachmittag eine ganz besondere Bedeutung. Auf dem gleichen Komplex, auf dem wir in den kritischen Tagen des September 1999 beim indonesischen Militär Zuflucht gefunden hatten, der aber dann noch in unserer Anwesenheit in ein Flammenmeer verwandelt wurde – an dem Platz, an dem alle Hoffnung für die Zukunft zu schwinden drohte – sitze ich nun unter den nationalen und internationalen Ehrengästen, um Zeuge einer so friedlichen Demonstration zu sein. Anschließend erlebe ich auch in der Lobby viele internationale Umarmungen und Freundschaftsbeweise. Unsere Klinik erhält eine Anerkennungs-Urkunde für gute Zusammenarbeit mit dem PKF und für unsere Liebe zum timoresischen Volk.

Streiflichter aus unserem Alltag

Unsere Hauptaufgabe ist und war von Anfang an die Klinikarbeit. Hier begegnen wir Menschen aus nah und fern. Hier wird Hilfe gesucht und wir dürfen Hilfe leisten. Das stimmt uns froh und dankbar, und mir selbst ist da keine aufgewandte Zeit und Mühe zuviel.

Ein Beispiel ist Klein-Angela. Laut Angabe der Mutter ist Angela 14 Monate alt, dem Zahnbestand nach aber älter, kommt aus einem fernen Dorf. Sie wiegt 5,2 kg. Die Hautfalten am Po und den Oberschenkeln verraten, dass sie schon mehr gewogen hat. Seit sechs Monaten sei sie krank. Angela hat hohes, mit Medikamenten kaum zu beeinflussendes Fieber, Zeichen für Meningitis. Eine der Kolleginnen sagt: „Schick sie ins Krankenhaus.“ Tina erwidert: „Um solch ein armes Geschöpf kümmert sich im Krankenhaus niemand.“ Die Mutter bettelt: „Behandle sie hier, ich hatte schon mal ein solches Kind, und bei euch ist sie wieder ganz gesund geworden. – Wenige Tage später führt sie mir dieses Kind „live“ vor!

Die Diagnose in unserem Tbc-verseuchten Land ist nicht sehr schwer. So müssen Mutter und Kind bei uns in der Stadt bleiben und Angela jeden Morgen unter unserer Aufsicht ihre Tuberkulose-Medizin einnehmen. Anschließend erhält sie eine zusätzliche Mahlzeit. Sie ist bald fieberfrei, nimmt an Gewicht zu. Und eines Tages kann sie uns gesund verlassen!

Die Tür der Klinik tut sich auf und eine ältere Frau tritt ein. Sie hat eine riesige Geschwulst am Unterkiefer; im Mund selbst herrscht ein Chaos. Antibiotika bringen ihr Erleichterung, die Geschwulst bricht auf und verkleinert sich etwas. Trotzdem besteht dringender Verdacht auf einen bösartigen Prozess. Mein Angebot, die Patientin zum sporadisch anwesenden Zahnarzt der timoresischen Verteidigungstruppe zu bringen, wird glatt abgelehnt. Auch zum Arzt im Krankenhaus will sie nicht. Für mich bleibt da nur das Fenster nach oben. Und siehe da, eines Morgens kommt Dr. T., ein australischer Zahnarzt, dem ich irgendwann einmal begegnet war, um zu sagen, dass er drei Tage in unserer Stadt ist. Ihm stelle ich den Fall vor. Er bestätigt den Verdacht und will die Patientin mit ins Regierungskrankenhaus nach Dili nehmen. Auch das lehnt sie im letzten Moment ab und geht zurück in ihr weit entferntes Dorf.

Horror

Gestern hat eine Familie im Feld – an der Stelle, an der vor einem Jahr ihre Verwandten ermordet wurden – eine Gedenkfeier mit Blumenstreuen zur Ehrung der Verstorbenen veranstaltet. Dabei finden sie zwei „unbekannte Dinge“, die sie auseinandernehmen, aneinander klopfen und dann noch mit dem Feueranzünder bearbeiten. Die unbekannten „Dinge“ explodieren, zwei Familienmitglieder sind auf der Stelle tot, zwei anderen hat es Körperteile weggerissen. Sie werden per Helikopter nach Dili geflogen.

Geburtswehen eines jungen Landes

Am 30. August 2000 feiern wir den Jahrestag der Volksabstimmung. Viele Tränen fließen an diesem Tag im Gedenken an die vielen nun fehlenden Familienglieder. Der Schmerz überwiegt über all dem Verlust, der Zerstörung und Verwüstung.

Unser junges Land hat seine Geburtswehen noch nicht überstanden – dazu gehört auch der Aufbau der Infrastruktur. Etwa zwei Jahre lang konnten wir Post über die UNO-Adresse in Australien erhalten. Seit die UNO Osttimor verlassen hat, dauert das alles ein wenig länger. Erhielt ich doch vor wenigen Tagen 49 Briefe und Drucksachen – von Freunden aus Dili hierher befördert. Ehe ich durch diesen „Postberg" durch war, kamen 10 weitere Briefe. Der älteste davon wurde 4 ½ Jahre vorher in Deutschland geschrieben! Der Brief, der den kürzesten Reiseweg zu bewältigen hatte, kam von einer Behörde in Dili, der Hauptstadt unseres Landes. Sie ist 220 km oder 6 bis 7 Bus-Stunden von uns entfernt. Dazu hat er gut 4 ½ Monate gebraucht.

Es muss erwähnt werden, dass es innerhalb des Landes noch keine Postverbindung gibt. Unser Postamt in Lospalos liegt weiterhin in Trümmern und wird wohl nie wieder als solches aufgebaut werden, denn seitdem die indonesischen Beamten und Militärs das Land verlassen haben, bekommt wohl kaum jemand aus der lokalen Bevölkerung Post. Und wenn, dann wird sie von Hand transportiert.

Was nun nicht mehr hilfreich ist, ist meine indonesische Staatsbürgerschaft. UNO-Mitglieder raten mir, diesen Prozess rückgängig zu machen. Freunde in Deutschland erledigen die dortigen Formalitäten für mich. Einen neuen Pass erhalte ich von der deutschen Botschaft in Australien, den ich dann eines Tages in Darwin in Empfang nehmen kann.

Zunächst – vor allem, so lange unser neues Land noch unter UNO-Verwaltung ist – kann ich ohne Visum im Land sein. Aber eines Tages ändert sich das, und die immer wieder neuen Visa-Verordnungen halten uns in Atem. Es gibt solche für einen Monat oder für zwei Jahre. Natürlich möchte jeder, der nicht nur zu Besuch im Land ist, ein Zweijahresvisum. Dafür gibt es eine ganze Liste von Bedingungen und Papieren, die beizubringen sind. Problematisch ist, dass sich diese Bedingungen fast von Tag zu Tag ändern, so dass man wirklich kaum „durchblickt". Die auszufüllenden Formulare gibt es teilweise überhaupt noch nicht.

15. Gäste aus aller Welt

In den zurückliegenden zehn Jahren hat sich kaum jemand in unsere abgelegene Ecke „verirrt". Durch die Turbulenzen rund um Referendum und Unabhängigkeit ist unser kleines Land weltbekannt geworden, und die Besucher geben sich die Tür in die Hand.

Werner und Else Jahnke, die Leiter des WEC-Teams in Indonesien, gehören zu den ersten. Eines Samstagabends steigen sie bei uns fröhlich aus dem Auto, das sie von Dili hierher brachte. Statt der üblichen etwa fünf Stunden haben sie sieben Stunden für die Fahrt benötigt, weil sie drei platte Reifen hatten. (Sie haben aber nur einmal geflickt, und zwar gleich zwei Reifen auf einmal, den dritten haben sie platt hierher gebracht). Kaum aus dem Auto gestiegen, wird Werner schon gebeten, am Sonntag in unserer Kirche zu predigen. Er predigt in der darauffolgenden Woche sogar den Patienten auf unserer Warte-Terrasse! Gemeinsam sitzen wir abends beim „Vorportionieren" der Tabletten für den folgenden Tag. Ihr Besuch ist nur kurz, bleibt uns aber in lieber Erinnerung.

Franz[6], ein junger Mann aus Deutschland, besucht uns eines Abends. Er ist Sohn eines Siemens-Vertreters, in Asien geboren, in Südamerika aufgewachsen, zur Zeit Student in Deutschland. Jetzt kommt er von einem Besuch bei seinen Eltern in Jakarta. Das „Losmen" (einfaches Übernachtungslokal), in dem er die Nacht verbringt, hat ihn zu uns geschickt. Am folgenden Tag geht er mit zum Sonntagsdienst in eines „meiner Dörfer". Auf dem Rückweg bekennt er sich als Atheist. „Da muss dir das, was ich tue bzw. sage, als Unsinn erscheinen", ist meine Antwort. Er: „Nein, ich suche Frieden und sehe, dass du ihn hast." Trotzdem ist seine Devise: „Man sollte die Menschen bei ihrem jeweiligen Glauben, ihren ‚Gebräuchen' lassen, da sind sie glücklich." Ich empfehle

---

6 Pseudonym.

ihm diesbezüglich Tina und Esther zum Interview, die mit im Auto sitzen. Esther schlägt ihren Mann dazu vor.

Am Abend treffen wir uns bei uns zu Hause. Esthers Mann erzählt, wie er schon mit zwölf Jahren Stimmen hören konnte, die er unbedingt befolgen musste, auch ein „Mantra-Wort“ hatte er. Beides befähigte ihn, Kranke zu heilen. Sein ganzes Dasein war bestimmt, mehr noch, geknechtet von diesen Stimmen. Er war kein freier Mensch. Eines Tages wurde sein Bruder krank. Die Stimme befahl, eine Ziege zum Opfer zu bringen, was ihm aber nicht gelang – der Bruder starb. Dieser Schock machte ihn fragend. Seit er Jesus kennenlernte und IHM sein Leben anvertraute, ist er frei. Franz war sprachlos. Das hatte er noch nie gehört. Er gab offen zu, seine obige Devise habe er nur anderen „nachgesagt“.

Egon[7], auch aus Deutschland, kommt mit einem überdimensionalen Drachen, den er am Strand steigen lassen will. Dazu biete ich ihm mein Auto an für einen Tag. Als Dank – Egon kommt aus der Autobranche – unterzieht er mein Vehikel einer gründlichen Inspektion. Danke, Egon!

Phillis Killborn – die sich speziell für Kinder in Kriegs- und Notstandsgebieten einsetzt – stattet uns mit einer Begleiterin einen Besuch ab, der uns unvergesslich bleiben wird: Die Chili-Soße zu den Spaghettis ist so „hot“ geraten, dass wir uns alle mit tränenüberströmten Gesichtern gegenübersitzen.

Mit den australischen **WEC-Beratern für Südostasien** verbringen wir frohe Tage. Sie werden in Zukunft mehr oder weniger direkt unsere Leiter sein, denn wir sind als selbständiges Feld von WEC Indonesien „abgenabelt“ worden. Eigentlich wären wir lieber direkt unter deutscher Leitung, ist doch der deutsche WEC und alle seine Freunde seit Jahren tief mit uns und „unserem Land“ verbunden.

---

7 Pseudonym.

Einen Reporter vom Weltrat der Kirchen in Genf bringt unser „Schirmherr" in Dili, der Leiter des sozialen Zweigs der Protestantischen Kirche, auch zu uns. Im Bemühen, diesen Reporter ein wenig mit unserem Distrikt bekanntzumachen, erleben wir unfreiwillig ein Abenteuer. Schon am Strand angekommen müssen wir einen Bach überqueren, dessen Brücke zerstört ist, bleiben aber im Sand stecken. Von der Gegenseite rast ein Auto der UNO siegesgewiss daher und endet mitten im Bach. „Macht nichts, ich habe eine Winde" ruft mir der Fahrer zu. (Wo will er nur seine Winde befestigen, da kein starker Baum in der Nähe ist?) Vom Himmel kommt plötzlich ein tropischer Regenguss. Der Reporter geht zum Auto seiner Gastgeber. Hinter meinem Auto schaufeln Freunde eifrig – und ich bin wieder frei, bevor die Seilwinde der UNO einen Halt gefunden hat. Wir aber finden den Reporter von Kopf bis Fuß triefend vor verschlossenem Auto. Die ganze Gruppe fährt gleich wieder zurück – leider ohne die beabsichtigten frohen Erinnerungen für den Herrn aus Genf!

Der neue Kommandant des koreanischen Friedens-Korps gehört auch zu den besonderen Gästen. Er weiß, dass wir morgens viele Patienten haben, deshalb hat er seinen Besuch auf den Nachmittag gelegt. Er hat uns kleine Geschenke mitgebracht, u. a. einen Kugelschreiber mit Beleuchtung, mit Kordel zum Umhängen. Im Kugelschreiber befindet sich eine Uhren-Batterie, schaltet man sie ein, leuchtet direkt über der Schreibspitze ein kleines Lämpchen auf. Ich dachte: „Gut zum Briefeschreiben, wenn bei uns der Strom ausfällt." Tinas Kommentar: „Gut für den Wald, dann können wir auch dort noch Briefe schreiben." Hier denkt man immer an die nächste Flucht, die diesmal in den Wald gehen wird, wenn es zu turbulent werden sollte.

Ein Baptistenpfarrer aus Amerika und einige Australier tauchen bei uns auf und fragen mich nach Wünschen. Da muss ich nicht lange überlegen. Milchpulver – gleich säckeweise für unsere vielen unterernährten Patienten – fehlt uns. Eine Zeit lang konnten wir das in Dili kaufen. Nun wird dieses Milchpulver nur noch kiloweise angeboten – natürlich viel teurer. Mehr als einer der Gäste verspricht, sich darum zu bemühen. Lange Zeit hören wir nichts. Und dann kommt ein unbekannter Australier und lädt gleich 5 Säcke – an meinen Namen adressiert – bei uns ab.

Eines Morgens vor Klinik-Beginn steht ein Unbekannter vor unserer Tür: „Ich bin **Dr. David** aus Australien, arbeite eine Woche lang als Chirurg in Baucau (ca. zwei Autostunden von uns entfernt). Ich habe auch für euch Medizin mitgebracht." Ich kann nur staunen und danke sagen. Vielleicht werde ich diesem „guten Geist" nie wieder begegnen.

Eine Organisation, die auf anderem Sektor tätig ist, steht ratlos vor einer Medizin-Spende. Wir nehmen ihr gern diesen „Ballast" ab. So hat Gott immer wieder neue Wege, uns zu segnen und zu erfreuen. ER weiß, was wir brauchen, ehe wir ihn darum bitten.

In den darauffolgenden Jahren geht der Besucherstrom weiter. So kommt zum Beispiel **eine Gruppe von Kurzzeitlern aus Australien**, deren Leiter einfach alles kann. Ob es Autoprobleme sind, Türschlösser, unser defekter Kerosinherd oder der Blechkasten, den wir als Backofen obendrauf setzen und der fast auseinanderfällt, die durchgesessene Autobank oder was immer wir ihm sonst noch in die Hand geben – er bringt einfach alles in Ordnung. Am liebsten würden wir ihn hierbehalten!

Dann kommt **Ravi**, Fijianer, Student am Biblecollege in Tasmanien, jetzt im Praktikum. Auch er scheut sich vor keiner Arbeit, ist uns nicht nur eine echte Hilfe, sondern ein Bruder und fröhlicher, humorvoller Hausgenosse.

Harry, technischer Missionar von CFI (Christliche Fachkräfte International) Deutschland, wird höchstpersönlich von seinem Chef bei uns eingeführt. Er arbeitet wie wir unter dem Sozialen Zweig der Protestantischen Kirche Osttimors. Während all seiner Jahre des Dienstes in verschiedenen Teilen Osttimors ist er ein gern gesehener und hilfreicher Gast bei uns. Oft sind wir bei seiner Ankunft noch in die Klinikarbeit vertieft. Bis wir uns dann bei der gemeinsamen Mahlzeit treffen, sind Auto und Generator schon seiner fachmännischen Prüfung unterzogen und all den unzählbaren Ameisen-Heeren im und ums Haus herum der Garaus gemacht. Harry, wir werden dir lebenslang dankbar sein für deine Hilfe, für den Austausch und die Gemeinschaft.

Ein besonderer Meilenstein

ist das Kommen von **Hanni und Traugott Böker**. Während bisher die Gäste mehr oder weniger frohe und unbeschwerte Tage mit uns verbrachten, lernen Bökers etwas von der Mühsal unseres Daseins kennen: Transport- und Kommunikations-Schwierigkeiten, man sitzt wie auf einer verlassenen Insel, kann keine Nachrichten empfangen oder weitergeben, gesundheitliche Attacken – Bökers haben uns nicht nur hustend und schnupfend erlebt, die Viren und Bakterien haben auch vor ihnen nicht Halt gemacht. Es tat uns leid, sie so mit uns leiden zu sehen!

Aber was erbrachte ihr vielseitiger Einsatz bei uns nicht alles, zum Beispiel:

eine nicht leicht zu vergessende Frauenstunde

vier evangelistische Nachmittage

eine Jugendstunde

Sonntagsgottesdienste in Lospalos und in Dili

Teilnahme an der Synodensitzung und Wahl des neuen Vorstandes

Stunden mühsamer Arbeit, um unsere vielen Außentüren wieder verschließbar zu machen, indem sie aus drei defekten Schlössern zwei funktionierende herstellten.

Als Dank für ihren Einsatz planen wir für Sonntag nach dem Gottesdienst einen Ausflug mit Picknick am Meer. Traugott und Hanni machen sich mit Tina und mir sowie unserer Haushalthilfe mit ihrer Schwester auf den Weg. Die Sonne strahlt vom Himmel. Es wird eine „Nostalgie-Tour“, bei der wir die Erlebnisse der chaotischen Zeit noch einmal mit unseren Gästen teilen. Vor allem ist es der Hafen in Com, wo die Flüchtlinge bis zum Abtransport zu Hunderten, ja Tausenden in brütender Sonnenhitze, zum Teil fieberheiß, zwei bis drei Wochen aushalten mussten. Der Tag, an dem wir uns dort noch um Kranke kümmerten, wird mir zeitlebens in Erinnerung bleiben.

Von Com wollen wir weiter zu unserem „traditionellen" Picknick-Platz am Meer. Aber ... das Auto springt nicht an. Wer kann uns an diesem weltverlassenen Platz helfen? Doch, da kommt ein Jugoslawe, der uns mit seinem Wagen zieht, bis unser Motor wieder in Gang kommt. Wir verbringen eine frohe Zeit am Strand. Den Dieselmotor des Autos lassen wir vorsichtshalber in einiger Entfernung weiterlaufen. So gibt es keine Startschwierigkeiten bei der Rückfahrt. Nach den vielen Regenmonaten genießen wir das strahlende Wetter, die Sicht auf Berge und Meer, all die Schönheit rundum – bis der Motor – nach einer kurzen Fotopause – wieder zu streiken beginnt. Alle List und Tücke bringt ihn nicht mehr „zum Leben". Zum Glück kommt der LKW unseres Nachbarn vorbei; er ist bereit, uns „mitzuschleppen".

Nach einigen vergeblichen „Seil-Versuchen" holen die Männer aus dem nahen Dorf eine dünne Eisenstange. Schnell ist sie befestigt, schon zieht der Fahrer des LKW an, während Traugott, der heute das Auto fährt, sich noch gar nicht im Wagen befindet. Die Eisenstange löst sich – das Lenkrad ist ins Schloss gefallen –, wir rollen mit offenen Augen auf den Abgrund am Straßenrand zu und – über dessen Rand, tun einen Sprung in die Tiefe, wo die vordere Stoßstange auf einen großen Stein trifft. Die Räder stehen in der Luft, aber das Auto kommt vor dem nächsten Absatz in die Tiefe zum Stehen. Das Innere des Wagens ist ein Chaos, aber wir fünf Insassen sind wunderbarerweise unverletzt. Ich finde mich hinter dem Fahrersitz am Boden wieder. Nur das Gesicht tut weh, sonst nichts. – Gemeinsam klettern wir die Felswand hoch und schauen zurück in die Tiefe auf unser Auto. Keine Scheibe ist gesprungen. Aber wie soll das Ding nur wieder nach oben kommen?

Der LKW nimmt mich mit nach Lospalos, wo ich beim koreanischen Friedens-Korps um Hilfe bitte. Es ist die einzige Stelle, die über schweres Gerät verfügt. Inzwischen ist es dunkel, und man sagt uns mit Bestimmtheit: „Heute nicht mehr". Ein UNO-Fahrzeug nimmt mich mit zurück zum Unfallort, wo sich Bökers noch befinden, umringt von „unseren Patienten" aus dem nahen Dorf. Sie versprechen, „Nachtwache" zu halten. Während wir noch dort im Schein des Vollmonds stehen, spucke ich plötzlich zwei meiner – wohl beim Aufprall gebrochenen – Vorderzähne aus. Welch ein Schock!

Es ist harte Arbeit, das Auto anderntags mittels Kran zu heben und auf die Straße zurückzubringen. Es kommt bei uns an mit intaktem Motor, aber verbogener Stoßstange, um die sich unser Nachbar kümmern will.

Wir haben einen Gott, der da hilft, und einen Herrn, der vom Tode errettet.

Die Zahnarzt-Story

Bökers sind früh am nächsten Morgen – nicht ganz leichten Herzens – abgereist; auf uns warten 200 Patienten!

Der Sonntagsausflug mit Bökers hat noch ein Nachspiel. Wie kann man in der Klinik arbeiten, wo man den ganzen Tag reden muss, wenn zwei ziemlich weit vorne gelegene Zähne fehlen? So eile ich schnell zur fahrbaren Zahnklinik des Koreanischen Friedens-Korps. Aber sie können mir nicht helfen und schicken mich zur UNO-Klinik in Dili. Der UNO-Helikopter nimmt mich mit. Schnell sind die Wurzeln entfernt, das Weitere besprochen. Als ich einige Zeit später wieder vor dem ägyptischen Zahnarzt stehe, vermisse ich die anfängliche Freundlichkeit. „Die Wunde ist noch nicht geheilt", heißt es strikt. Alles Bitten hilft nichts. – Beim nächsten Besuch ist ein anderer Zahnarzt da, der mich erschreckt ansieht: „Wir können keinen Zahnersatz liefern, dafür sind wir nicht eingerichtet!" Ich bin schlichtweg am Boden zerstört und reise ziemlich ratlos wieder zurück. Wie konnte man mich so täuschen?

Freunde in Deutschland hören davon. Dr. Nemitz, ein deutscher pensionierter Zahnarzt, plant im darauffolgenden Jahr zu uns zu kommen, in erster Linie meinetwegen. Das ist fast unglaublich.

Fünf Monate nach dem Unfall findet unsere WEC-Jahreskonferenz statt, diesmal in Darwin/Australien. WEC Australien arrangiert dort einen Zahnarzttermin für mich und beteiligt sich maßgeblich an den Kosten. Mit bestens repariertem „Speisezimmer" komme ich zurück nach Lospalos.

Aber: Dr. Nemitz lässt sich nicht verdrießen, er kommt einige Monate später trotzdem. Wir kündigen den Dienst eines Zahnarztes mit einem Aushang an unserer Klinik-Tür an. Das Ergebnis ist „umwerfend". Dr. Nemitz kann sich kaum der Zahnpatienten erwehren. Jung und Alt, Groß und Klein haben alarmierende Zahnprobleme. In bewundernswerter Weise arbeitet Dr. Nemitz unermüdlich. Kein Zahnarztstuhl, kein komfortables Sprechzimmer – aber allen wird geholfen.

Dr. Nemitz ist so überwältigt von der Not, dass er auch in den folgenden drei Jahren jedes Jahr bei uns einen Einsatz macht. Seine Frau kommt mit als seine Assistentin. 2000 und mehr Patienten wird geholfen. – Ich kann nur sagen: „Danke, dass mein Unfall sooo viel Segen stiften durfte!"

16. Die Klinik: Eine Welt für sich

Meine großen Töchter

Dominggas wurde von uns – mit Hilfe von Freunden in Deutschland – drei Jahre lang durch die Krankenpflegeschule in Kediri gesponsort und buchstäblich durch alle Examen hindurchgebetet. Sie bekam Gelegenheit, anschließend im Krankenhaus der Mennoniten in Kudus praktische Erfahrungen zu sammeln. Auch dort ist eine gute geistliche Betreuung. Nach längerer Zeit „im Exil" in Kupang kommt sie zurück, von einem ehemaligen indonesischen Soldaten ein Kind erwartend. Sie scheint das in keiner Weise zu bereuen, obwohl ihre Familie mit der Wahl nicht einverstanden ist.

Emilia, der wir eine dreijährige Bibelschulausbildung in Surabaya ermöglicht und sie „hindurchgebetet" haben, ist bereits seit Jahren mit einem Mann anderer Religion zusammen, der sich als „Zauberdoktor" betätigt. Er wartet geduldig, bis Emilia ihm in seine Religionsgemeinschaft folgt. Die protestantische Kirche meidet sie seit langem.

Diese Beispiele könnten weiter fortgesetzt werden.

Unser Pfarrer meint lakonisch: „Das ist das Grundrecht jedes Menschen!"

Wo ist sein „Hirtenherz"?

Unsere Haushaltshilfen

bereiten uns manche Enttäuschung. Unsere bewährte „Küchen-Tina" hatte uns ja leider während der Turbulenzen um die Unabhängigkeit verlassen. Nun kommt Filipina zu uns. Auch sie stellt unsere Geduld sehr auf die Probe, indem sie oft das Gegenteil tut von dem, was ihr aufgetragen ist, zwischendurch spurlos verschwindet und auf Fragen keine Antwort gibt. „Wer erzieht hier wen?"

Filipina hat in etwa 6 Schuljahren nicht das Lesen und Schreiben erlernt. Irgendwo ist da eine „Blockade“, ein trotziges „ich will ja überhaupt nicht“. Aus der Nachbarschaft hören wir, dass sie bewusst das Gegenteil von dem tut, was ihr aufgetragen ist. Sie möchte damit erreichen, dass wir sie entlassen. Weil wir das noch nicht tun, ergreift sie selbst die Initiative und erscheint nicht mehr!

Eines Tages „bearbeite“ ich unsere frühere „Küchen-Tina“, uns wenigstens ein paar Tage zu helfen. Obwohl sie „nein“ sagt, kommt sie doch und ist uns für eine Woche eine echte Entlastung.

Nach manchem Wechsel und manchen Enttäuschungen lassen wir eine Zeit lang das Mittagessen für das ganze Team aus einem benachbarten kleinen Speiselokal kommen.

Welche Freude, als dann Rita auftaucht. Sie hat ein „Jahr für Gott“ in Junggo hinter sich und anschließend eine Kurzbibelschule auf Grassroot-Level besucht. Jetzt ist sie zurück in Osttimor und sucht Arbeit. Wir bitten sie, sich zunächst einmal unseres Haushalts anzunehmen. – Das ist hier nicht ganz leicht, wenn man außerhalb des Landes war und eine zusätzliche Ausbildung hat. Trotzdem findet sich Rita bereit.

Hilfe aus der weiten Welt

In der Klinik kommen uns zwei frisch gebackene Krankenschwestern vorübergehend zu Hilfe. Kristin aus Australien für zwei Monate, und Marjanne aus Holland für elf Monate. Kristin, als Missionarskind in Indonesien aufgewachsen, spricht fließend Indonesisch. Marjanne lernt die Sprache schnell. Beide sind uns eine echte Hilfe.

Beim koreanischen Friedens-Korps kann ich Röntgenaufnahmen bekommen, gleich mit kompetenter Beurteilung. So schicke ich alle Tbc-verdächtigen Patienten, deren Sputum-Tests negativ sind, zu den Koreanern. Spätestens nach zwei Stunden ist das Ergebnis in meinen Händen.

Nach langer Vorbereitung kommt eines Tages eine Kinderkrankenschwester aus Deutschland, bei uns an. Welche Freude. Wird sie einmal meine Nachfolgerin werden? Sie stürzt sich mit dem Enthusiasmus eines Sanguinikers in die Arbeit und fühlt sich hier am rechten Platz, obwohl ihr ursprüngliches Reiseziel ein anderes ostasiatisches Land war. Wir freuen uns über die Verstärkung.

Der Kulturschock wird leider keinem erspart. Er erreicht auch sie. Als positiv erweist sich die Tatsache, dass sie schnell Freunde gewinnt: eine Familie in Australien, die sie einlädt und ihr ein Ticket vermittelt. Dort darf sie frohe und entspannte Tage verbringen. Mit einer Freundin aus der Schweiz trifft sie sich in Bali, gemeinsam kommen sie dann zu uns.

Aber eines Tages tauchen ihre alten Wirbelsäulen-Beschwerden wieder auf. Nicht nur das, sie werden unerträglich, sodass sie in Australien ärztliche Hilfe suchen muss. Anschließend wird sie von Hildegard – die inzwischen in Dili einen guten Dienst tut – liebevoll gepflegt. Ein ärztlicher Check-up in Deutschland muss zeitlich vorgezogen werden. Damit geht leider ihr Dienst in Osttimor zu Ende.

Frohe Neuigkeiten

Es gibt auch freudige Ereignisse, die wir nicht vergessen wollen. Amena hat seit Mai 2003 eine kleine Tochter und etwas später kommt bei Esther – als Nr. 5 – ein kleiner Sohn an. Welche Freude! Nun hat ihr Erstgeborener endlich einen Bruder. Nur die Jüngste hat Schwierigkeiten: sie ist nun nicht mehr das Nesthäkchen.

Tina, meine Mitbewohnerin, hat sich mit David, einem Pfarrer der „Gemeinde Gottes“ verlobt. Die Hochzeit findet am 19. März 2005 statt. Gefeiert wird im Haus ihres Bruders. Es ist ein beachtliches Fest mit vielen beiderseitigen Familienangehörigen und Freunden. Aber Tina arbeitet weiter in der Klinik mit. Die Wohnungsfrage für die beiden gestaltet sich nicht ganz einfach.

Davids Gemeinde ist zwei Bus-Stunden von uns entfernt. Er bleibt meistens einen Teil der Woche dort und ist an den übrigen Tagen mit bei uns.

In einer echt turbulenten Zeit – mit 200 und mehr Patienten pro Tag – muss Tina mehrmals zu Schwangerschafts-Kontrollen nach Baucau. Die erste Schwangerschaft hat sie leider nach knapp drei Monaten verloren, und auch jetzt gibt es Probleme. – Esther fällt ebenfalls kurz aus. Es ist oft schon Abend, bis der letzte Patient nach Hause geht. Bei all dem kann ich froh feststellen: Der Kräfte-Vorrat unseres himmlischen Auftraggebers ist unerschöpflich. Den ganzen Monat über kann ich nicht einmal über Kopfschmerzen klagen.

Der folgende Monat wird uns weitere Veränderungen bringen. Tina möchte die letzten Wochen vor ihrer Niederkunft in ihrem künftigen Heim in Baucau verbringen, um etwas zur Ruhe kommen zu können. Nach fast monatelanger Suche und einigen enttäuschenden Absagen hat sich im letzten Moment Susi, unsere frühere Mitarbeiterin aus Java, bereit erklärt, Tina für zwei Monate zu vertreten. Für diese gute Lösung sind wir echt dankbar.

Susi lässt ihren Mann, drei Schulkinder und ein noch nicht schulpflichtiges Kind in Kupang/Westtimor zurück. Ihr Wiedereinstieg in die Klinikarbeit nach 8 Jahren Pause ist ein echtes Abenteuer. Zu unser aller Freude findet sie sich rasch bei uns ein. Per SMS sind wir in reger Verbindung mit der nun „mutterlosen" Familie in Kupang.

Schon nach kurzer Zeit kommen „Hiobsbotschaften": Die Kinder sind krank, der Älteste, ein elfjähriger Junge, hat hohes, bisher nicht zu beeinflussendes Fieber. Ein anderer hat Zahnschmerzen, alle husten um die Wette. Für den in der Pflege kranker Kinder ungeübten Vater ist das eine außergewöhnliche Anforderung, nicht nur physisch, sondern auch emotional. Hier bei uns und dort in Kupang fließen Tränen.

Die bei uns innenpolitisch äußerst angespannte Lage wird durch eine fast über Nacht eingetretene Nahrungsmittelknappheit noch verschärft. Es ist kein Reis im Land, der Maisvorrat ist fast überall zu Ende. Wer weder Reis noch Mais gegessen hat, hat nach hiesiger Sitte überhaupt noch nicht gegessen. Lehrer schicken ihre Schüler nach Hause, weil sie erst etwas Essbares suchen müssen. Dem Vernehmen nach hat die Ambulanz des Krankenhauses heute aus dem gleichen Grund ebenfalls geschlossen. Die Preise steigen auf dem Nahrungsmittel-Sektor, und mit den Preisen steigt auch die Unzufriedenheit und Rebellion.

Nach einer schlaflosen Nacht erklärt mir Susi, dass sie nach Hause möchte. Wer könnte da nicht mit ihr fühlen? Bald darauf bringe ich sie wieder zum Überlandbus Dili-Kupang. Ihr Mann holt sie an der grünen Grenze zwischen Ost- und Westtimor ab.

Wenige Wochen danach nutze ich den klinikfreien Samstag, um mit einer langen Liste dringender Erledigungen nach Dili zu fahren. Auf dem Rückweg verbringe ich die Nacht in Baucau, wo am 12. März 2007 Klein-Samuel das Licht der Welt erblickt hat. Tags darauf beladen wir das Auto randvoll, und dann kehren Tina mit Mann und Kind mit mir nach Lospalos zurück. Tina steigt noch nicht voll in den Klinikbetrieb ein, aber wir sind wieder zusammen.

Erholung

Wie und wo kann man sich nach einem vollen Tages- und Wochenprogramm entspannen? Selbst am Ende der Erde gibt es dazu Gelegenheit.

Ein Samstag am Meer ist immer ein besonderer Höhepunkt. Gleich morgens wird der vorgekochte Reis, ein Container mit Trinkwasser etc. ins Auto geladen. Die Hunde riechen „Lunte“: kaum ist der Gepäckraum offen, springen sie hinein, machen sich’s bequem und sagen ohne Worte: „Nicht ohne uns!“

Alle Plätze werden mit Teammitgliedern oder deren Familienangehörigen besetzt und los geht’s die Serpentinenstraße hinunter nach Lautem. Dort suchen wir Fisch, frisch gefangen oder auch schon am Feuer geröstet.

Weiter geht's zu unserem Lieblinsplatz nahe Com. Unter schattenspendenden Bäumen schlagen wir unser Lager für den Tag auf. Ein herrlicher Platz zum Schwimmen, zum Spielen, zum Ausruhen. Frische Fische werden am Feuer geröstet. Sind keine Fische erhältlich, schmeckt mitgebrachter Reis mit Gemüse und dem unvermeidlichen scharfen Sambal (scharfe Peperoni mit Salz im Mörser zerrieben) fast genau so gut. Ballspiele, Muscheln-Suchen, Spiele im Sand, Schwimmen – es gibt für jeden etwas. Unsere Vierbeiner graben sich am liebsten tief in den heißen Sand. – Jedem das Seine!

Nur zu schnell geht der Tag vorbei. Die Sonne neigt sich schon bei unserer Rückfahrt. Sie zaubert einen „goldenen Weg" auf die weite Wasserfläche. Wohlig müde und froh kommen wir wieder nach Hause.

Unsere Vierbeiner

Nicht jeden Samstag kann man am Meer verbringen. Und auch unter der Woche sind wir oft abends ehrlich müde. Heute sitzen wir auf der lehnenlosen Bank vor unserem Wohnbereich. Wir alle haben Freude an unseren Tieren. Einer der Hunde setzt sich vor unsere Füße, noch lieber zwischen uns auf die Bank, mitfühlend unseren Bedarf an Ruhe und Entspannung teilend. Vor unseren Füßen tummeln sich die Welpen; man könnte ihnen stundenlang zusehen.

Wie es in Lospalos zum Einzug der Katzen kam

Eine freche Mäuse-/Ratten-Bande, die am hellen Tag auf den nicht bis zur Decke reichenden Zwischenwänden in unserem Haus in Lospalos spazieren ging, ließ mich nach einer Katze suchen. Eine Katze bleibt selten allein, so hatten wir eines Tages „Mini", „Flecky", „Wurzel" & Co. – dafür aber keine Mäuse und

Ratten mehr. Mini, ein zierliches, kleines Geschöpf, schaffte es, meine Lieblingskatze zu werden. Ein sachtes Klopfen des Löffels an den Tellerrand war das Zeichen: „Essen steht auf dem Tisch". Mini hörte und verstand das natürlich als Erste und platzierte sich schnell auf meinem Stuhl. Nicht, dass sie mitessen wollte, geschweige denn durfte. Aber sie wusste genau, das ist eine Gelegenheit, 15 Minuten ungestört auf meinem Schoß verbringen zu können. Was ihr auch gewährt wurde.

Dann kam der Tag, an dem sie nicht lebensfähige Junge zur Welt brachte. Mini versank in Traurigkeit und Trübsinn. In Sichtweite unseres Wohnbereichs, in der offenen Garage, befand sich eine Blechtonne in Querlage mit Einstiegsloch für Hündin „Molly" mit ihren Jungen.

Mini beobachtete, dass Molly auch mal „musste" oder spazieren ging. Sie benutzte die Gelegenheit, in aller Ruhe in die Tonne einzusteigen und ihre mütterlichen Gefühle in Aktion zu setzen: sie leckte und wärmte die kleinen Welpen. Kam Molly zurück, stieg Mini in Würde, ohne Panik oder Hetze wieder aus. Über die Kommunikation zwischen Molly und Mini gibt es leider keine Aufzeichnungen. Aber – eines Tages stieg Mini nicht mehr aus, überließ Molly den Platz bei ihren Jungen und legte sich auf Mollys Rücken. Beide schienen die „Arbeitsteilung" zu schätzen.

In den Turbulenzen um die Unabhängigkeit und unsere vorübergehende Flucht nach Westtimor mussten wir schweren Herzens unsere Tiere zurücklassen.

Der Tag meiner Rückkehr kam, um die Lage zu sondieren. Das UNO-Personal, das Besitz von Wohnbereich und Klinik genommen hatte, wies mir ein leeres Zimmer in unserem Wohnbereich zu. Die bereits wieder anwesenden Nachbarn brachten leihweise Matratze und Kopfkissen. Und die übriggebliebene Mieze? Sie legte mir eines Tages eine Maus auf den kleinen Tisch, denn auch sie wollte ihr „Willkommen" sicht- und genießbar machen. Lieb von dir, kleine Miezekatz! Das werde ich nie vergessen.

17. Neue Höhen und Tiefen

Unerwartete Möglichkeiten

In Abwesenheit unseres Pfarrers werde ich gebeten, heute am Spätnachmittag bei Familie X. eine Hausandacht zu halten. Bisher kenne ich Vater, Mutter und die Kinder nur als Patienten unserer Klinik. In der Kirche sind sie so gut wie nie zu sehen. Die bekannte innere Stimme sagt mir: „Das ist eine einmalige Gelegenheit, nimm sie wahr!" So bewaffne ich mich mit Flanelltafel und Illustrations-Material. Ich habe keine Ahnung, was mich erwartet. Mit dem Auto ist es nur eine kurze Fahrt innerhalb unserer kleinen Stadt. Dann folgt ein steiniger Pfad. Man muss einen kleinen, sicheren Fleck suchen, um einen Fuß nach dem anderen aufsetzen zu können. Ich bin dankbar für die Engel, denen Gott Befehl gegeben hat, über meine Schritte zu wachen.

In der „vorderen Stube" der einfachen Hütte stehen ein paar Holzbänke ohne Rücklehne, ein kleiner Tisch, und zwei oder drei Plastikstühle. Der „Blickfang" ist eine Schar von 15-20 Kindern, die schon erwartungsvoll die Bänke füllen. Als ein paar Nachbarsfrauen mit ihren Babys kommen, wird für die Kinder ein großes Stück schon recht strapaziertes Plastik auf dem gestampften Erdfußboden ausgebreitet. Die Gesichter – mit den großen dunklen Augen – sind mir von unten nach oben nun noch mehr zugewandt.

Als auch die letzte Nachbarin angekommen ist, wird rasch ein persönlicher Kontakt hergestellt. Wir kennen uns ja alle von der Klinik her. Wie gut, heute als Gesunde beisammen zu sein.

Ich schildere meinen Zuhörern eine schöne Stadt, am Fluss gelegen, Hauptstraßen nach drei Himmelsrichtungen. Wasser, Arbeitsmöglichkeiten, guter Verdienst, hübsche Kleider, eine medizinische Fakultät, Geld – alles, was man zum Leben braucht, ist da. (Könnten wir dort wohnen, würden wir alle unsere Verwandten und Freunde aus den Tälern und von den Bergen herbeiholen.) Es geht den Leuten in der Stadt so gut, dass sie Gott fast nicht brauchen. – Aber dann sagt Gott, was er von den Leuten denkt. Sein Blick bleibt nicht bei den schönen Kleidern hängen. Er sieht den Leuten ins Herz. Und was sieht er da? (Hier kommt die Flanelltafel mit dem Bild des dunklen Herzens und allem was darin ist: Eifersucht, Zorn, Bequemlichkeit, Vertrauen auf Fetische etc.). Das Tröstliche ist: Gott rügt uns nie, um uns zu beschämen. Er hat uns lieb. Er zeigt uns unseren Zustand, um uns zu helfen: „Was ihr nicht habt, das könnt ihr bei mir haben." Er steht vor unserer Herzenstür und klopft an. Er möchte hereinkommen, für immer bei uns bleiben. Neben dem Herzen an der Flanelltafel wird ein Kreuz angelegt. Dahin bringen wir nun all die Sünden... und unser dunkles Herz wird reingewaschen durch das Blut Jesu. Ihn selbst und den Heiligen Geist laden wir nun ein, in unserem Herzen Wohnung zu nehmen ...

Alle haben verstanden. Werden sie den Schritt wagen?

Neue Turbulenzen

Die Erlangung der Unabhängigkeit nach einem kurzen, blutigen Krieg im Jahr 1999 hatte zunächst eine gewisse Erleichterung gebracht, obwohl das Land wirtschaftlich und verwaltungsmäßig auf den Nullpunkt gekommen war. Mit Hilfe von außen ging man tatkräftig ans Werk. Vor allem die Hauptstadt Dili machte von Jahr zu Jahr enorme Fortschritte. Man arbeitete zusammen.

Aber dann, Anfang des Jahres 2006, erhebt der Riese „Misstrauen" erneut sein Haupt. Zwischen den Sicherheitskräften selbst, zwischen den Menschen aus dem östlichen und westlichen Teil unserer Inselhälfte, zwischen den Banden der Jugendlichen ... man weiß oft kaum mehr, wer gegen wen ist.

Häuser der „Gegner" werden ausgeraubt, niedergebrannt, die Menschen in ihren Häusern oder auf der Straße niedergeschlagen, erstochen, mit Pfeilen ermordet, erschossen. Teile der Hauptstadt Dili bieten ein trauriges Bild der Verwüstung. Zehntausende,

Hunderttausende verlassen ihre Wohnungen, stehen mit ein paar Habseligkeiten am Straßenrand und warten auf eine Fahrgelegenheit. Können sie ihr „Gepäck“ nicht mitnehmen, bleibt es an der Straße stehen. Es sind genug Menschen da, die sich dessen „annehmen“. Diese Familien leben jahrelang zum Teil in großen Zeltlagern als Flüchtlinge im eigenen Land. Unsere Kleinstadt am Ende der Insel quillt über von jungen Menschen, die keine Beschäftigung haben, und deren Schulen/Universitäten noch geschlossen sind. Selbst in einigen Flüchtlingslagern kommt es zu blutigen Auseinandersetzungen. Einer der tragischen „Höhepunkte“ ist der Mord an einem jungen brasilianischen Missionar.

Wer immer im Hintergrund dieses „Gegeneinander“ anstiftet und schürt (bezahlt, mit Drogen unterstützt): es ist letzten Endes der Altböse, der Vater der Lüge, der Mörder von Anfang an, der seinen „Besitz“ nicht loslassen will.

Im Mai 2007 stehen Wahlen an, und die düstere Prognose ist, dass sich die Unruhen auf weitere Bezirke ausbreiten werden. Wir selbst, am östlichsten Ende der Insel, hatten bereits eine „Kostprobe“ davon.

Die Frage meiner Nachfolge

steht seit langem im Raum. Verschiedene Lösungen werden erwogen. Eine australische Kirche, die Kontakt zur Protestantischen Kirche in Osttimor pflegt, kann eine Krankenschwester gewinnen. Sie ist verheiratet, hat vier Kinder. Eines Tages kommen die Eltern mit drei ihrer Kinder in Osttimor an. Drei Monate Sprachstudium, einige Wochen im Staatlichen Krankenhaus in Dili, später in einer Poliklinik im Inland ermöglichen nur einen kleinen Einblick in die Situation des Landes und seine Bedürfnisse. Frau C. hat bisher in Australien in einer Senioren-Einrichtung Dienst getan. Sie ist den Anforderungen unserer Klinik nicht gewachsen, möchte lieber Zahngesundheit in Schulen unterrichten. Die Schulsituation für ihre Kinder ist problematisch.

Eines Tages reist die Familie nach Dili – und kommt nicht mehr zurück.

So fällt die Wahl meiner Nachfolge zunächst auf einen jungen Krankenpfleger, Teammitglied des sozialen Zweiges der Protestantischen Kirche, der uns schon einige Male ausgeholfen hat, um am 8. Dezember 2007 die Leitung der Klinik zu übernehmen. Tina ist bereit, vorerst noch mitzuarbeiten.

Zum Jahresbeginn 2008 bin ich zu Hause in Deutschland. – Aber schon nach kurzer Zeit „brennt es wieder in meinen Reiseschuhen". Wie könnte es auch anders sein! Hab ich doch „mein Herz dort verloren" – bei den vielen kranken und gesunden Kindern, den Erwachsenen, den kinderreichen Familien (laut Statistik 9 Geburten pro Familie), und meinen vielen Patenkindern.

Am 1. März 2008 geht's zu einer letzten Abschiedsrunde zurück nach Osttimor, das für mich Heimat geworden ist. Die „Buschtrommel" funktioniert ganz sagenhaft. Spätabends am Sonntag komme ich in Lospalos an. Es ist längst schon dunkel. Aber am Montagmorgen kommen viele Patienten, eine Mutter von zwei Tuberkulose-Kindern bringt auch schon ein Geschenk mit … auf beiden Seiten ist Freude. Tina erwartet bereits ihr zweites Kind, Sami, knapp 12 Monate alt, ist voll Energie, Lebensfreude und Ideenreichtum, unser aller Sonnenschein.

Die Abschiedsfeier findet schließlich am 28. Mai 2008 in der Kirche statt. Das Klinik-Team, zusammen mit den Frauen der Gemeinde, bereitet ein gemeinsames Essen für die Gäste von nah und fern. Ihnen allen möchten wir damit nochmals eine Freude bereiten, bevor ich wenige Tage später das Land verlasse. Gott segne sie alle!

18. Gib mir diese Berge

„Gib mir diese Berge", bat Kaleb – mit 85 Jahren.

Vierzig Jahre lang war er zusammen mit dem Volk Israel durch den Sand der Wüste gewandert. Die besten Jahre seines Lebens waren das gewesen, in denen er – wegen der Rebellion seiner Brüder – im Kreis gehen musste. Vierzig Jahre, in denen sie alle die Segnungen des verheißenen Landes hätten genießen können!

Wäre ich nicht frustriert und bitter geworden?

Die Berge, um die er nun in seinen alten Tagen bat, waren die Festungen, das Felsenversteck der Riesen, die den israelitischen Kundschaftern so gewaltig, übermächtig und erschreckend erschienen, dass zehn seiner elf Freunde mutlos und verzagt wurden, und mit ihnen das ganze Volk. Dahin war ihr Vertrauen auf den Gott, der sie durchs Rote Meer gebracht, der ihnen Wasser aus einem harten Felsen und Brot vom Himmel gegeben und bisher alle ihre Feinde besiegt hatte.

Aber nun diese Riesen und ihre Festungen! Nein, das war unmöglich!

„Gib mir dieses Land mit seinen in Apathie und Geisterfurcht lebenden Menschen", so hatte auch ich gesagt, als sich nach langen Wartejahren die Tür in mein „verheißenes Land" auftat. Gott brachte mich hinein. Ich durfte Jahre in diesem Land leben und wirken und die „Festung der Riesen" mit ihren vielerlei Verstecken kennenlernen. Der Anfang war unsagbar mühsam. Aber endlich entstand doch eine kleine Klinik, als sichtbares Zeichen, dass Gott Gebet erhört. Eine Schar junger Menschen war – aus Hoffnungslosigkeit und Apathie im Blick auf ihre Zukunft – aufgerüttelt, bereit geworden, sich auf Schulen in Java, Sumatra oder Kalimantan zu Evangelisten, Krankenpflegern oder Religionslehrern ausbilden zu lassen.

Aber dann begannen sich die Schwierigkeiten aufs Neue aufzutürmen.

Rebellion, Bruderhass, Morden und Zerstören – Riesen, die seit Jahrhunderten dort sesshaft sind – erhoben wieder neu ihre Häupter.

Es ist spannend, den Geschichten der wenigen Großväter zuzuhören. Von jeher lebte man in kleinen Siedlungen, weit voneinander entfernt. Man bewegte sich „in seinem Revier". Einen Fremden, der sich unangemeldet da sehen ließ, legte man kurzerhand um, denn einer der Riesen heißt Misstrauen, tief eingewurzeltes Misstrauen.

Der Leiter einer solchen Gruppe wurde König genannt. Wen wundert es, dass es Feindseligkeiten und blutige Kämpfe zwischen diesen vielen kleinen „Königreichen" gab.

„Das Blut deines Bruders schreit zu mir von der Erde", sagte Gott zu Kain. Er sagte noch etwas anderes, Erschreckendes zum Brudermörder: „Wenn du das Land bebaust, soll es dir nicht länger den vollen Ertrag geben." Ist da der Schlüssel für Armut und Hunger, die mit allen bisherigen Zuschüssen nicht auszurotten sind?

Unterdrückung erzeugt Rebellion – ein zäher Riese! In unseren Bergen sind diese Wurzeln tief, jahrhundertealt.

Jetzt ist man viel freier, aber man macht wenig Gebrauch von dieser Freiheit. Im Gegenteil, die Rebellion geht weiter. Man will in gewisser Weise diesen Fortschritt gar nicht. Man ist in seinem eigenen Gefängnis des Hasses, des Misstrauens, der Tradition gefangen und will im tiefsten Grund gar nicht heraus.

Eine gewisse Art von Freiheit will man, aber es soll eine Freiheit nach eigenen Vorstellungen sein.

Die Tür für das befreiende Evangelium war durch die portugiesische Kolonialmacht fast 500 Jahre lang fest verschlossen. Von dieser Seite wäre sie nun offen, aber nun taucht ein neuer Riese auf. Nennen wir ihn „Riese X". Er hat viele Gesichter, fromme und andere.

Auf der einen Seite ist es Riese X, der die Tür zuhalten möchte, auf der anderen Seite ist es aber auch die weit verbreitete Apathie der Bewohner des Landes selbst, gerade auch geistlichen Dingen gegenüber, die einen Durchbruch verhindert. Man hört zu, nickt bejahend mit dem Kopf. Aber dabei bleibt es oft auch. Die Vögel sind schon bereit, den guten Samen, der gesät wurde, sofort wieder wegzupicken. Schließlich müsste man ja sein Leben ändern, die Polygamie, die Totenverehrung und manches andere aufgeben. Nein, heute lieber noch nicht.

Was tun in dieser Lage? Aufgeben? Sich anderen Aufgaben zuwenden?

Von Kaleb heißt es: „Es war ein anderer Geist in ihm". Er gab nicht auf. Er wurde in den vierzig Jahren der Wüstenwanderung nicht mutlos. Als er dann endlich ins verheißene Land kam, dachte er nicht an seine Pensionierung, sondern rief aus: „Gib mir diese Berge" – mit den Riesen und ihren Festungen! Mit des Herrn Hilfe werden wir sie vertreiben, wie ER gesagt hat.

Das sind der Mut und die Gewissheit des Glaubens.

Rückblick

In den rund 20 Jahren meiner Tätigkeit in Osttimor durfte ich viele Wunder erleben: Wunder der Kraft, der Allmacht, der Fürsorge und Treue, der Gegenwart des lebendigen Gottes.

Das größte Wunder ist jedoch, dass es Gott gelungen ist, mich nicht nur in dieses Land zu berufen, das zu jener Zeit noch fest verschlossen war, sondern nach einer langen Warte- und Vorbereitungszeit mich in dieses abgelegene, vergessene Land zu bringen – zunächst als einzelne, nicht besonders tapfere Frau. ER hat Schritt für Schritt geführt, Türen geöffnet, Türen verschlossen. ER hat Gelegenheiten geöffnet zu medizinischem, diakonischem und evangelistischem Dienst. ER hat Kraft, Gesundheit, und Tragfähigkeit geschenkt, Freunde anderer Sprache und Kultur.

ER hat den klaren Auftrag zum medizinischen Dienst gegeben, den Ort und die Möglichkeiten dazu eröffnet, Weisheit in schwierigen Lagen gegeben.

IHM gebührt aller Dank, alle Ehre.

Ausblick

ER, der lebendige Gott, ist heute noch derselbe. Wen kann er rufen und befähigen, den Dienst – in Zusammenarbeit mit der Protestantischen Kirche Osttimors – weiterzuführen?

Wen kann er berufen zu beten, bis Hass, Neid, Missgunst, Aberglaube und Unwissenheit – alle die „Riesen", die das Land und seine Bevölkerung gefangen halten – besiegt sind und gegenseitige Liebe, Güte, Hilfsbereitschaft, Verstehen und Freundschaft erwachsen?

Wem kann ER aufs Herz legen, für die Regierung zu beten, dass das Bildungswesen, die Landwirtschaft, der Straßenbau, die medizinische Betreuung Fortschritte machen, Arbeitsplätze geschaffen werden?

Wem wird er aufs Herz legen, für die verschiedenen Kirchen und Denominationen im Gebet einzustehen, für Einigkeit, für Fortbildung/geistliche Vertiefung für Pfarrer und Evangelisten?

Wem wird er die Jugend, die Kinder des Landes auf's Herz legen?

Luise Läufer

Vergessenes Land

Mit Gott am Ende der Erde